21 世纪高职高专“十二五”规划教材

职业礼仪

主　编　舒志华
副主编　何敬东

天津大学出版社
TIANJIN UNIVERSITY PRESS

内容提要

本书为高职生职业核心能力培养教材。全书共10章，分别为个人仪表礼仪、大学生校园礼仪、求职就业礼仪、日常个人礼仪、生活交际礼仪、社交礼仪、职场沟通礼仪、公务礼仪、商务礼仪和世界各国商务礼仪禁忌大观，每节都有案例引导、理论知识表述、拓展链接，并设有相关习题。

本书是根据市场经济发展的需要、高职学生就业的需要，以学生能力培养为目标，理论知识以“必需、够用”为度，针对高职学生的现实情况和就业需求而编写的。

本书可供高职院校各专业师生使用。

图书在版编目（CIP）数据

职业礼仪／舒志华主编. —天津：天津大学出版社，2010.10（2020.6重印）
21世纪高职高专“十二五”规划教材
ISBN 978-7-5618-3477-0

Ⅰ.①职… Ⅱ.①舒… Ⅲ.①礼仪—高等学校：技术学校—教材 Ⅳ.①K891.26

中国版本图书馆CIP数据核字（2010）第193822号

出版发行　天津大学出版社
地　　址　天津市卫津路92号天津大学内（邮编：300072）
电　　话　发行部：022-27403647
网　　址　publish.tju.edu.cn
印　　刷　廊坊市海涛印刷有限公司
经　　销　全国各地新华书店
开　　本　169mm×239mm
印　　张　12.25
字　　数　256千
版　　次　2010年10月第1版
印　　次　2020年6月第14次
定　　价　22.00元

前言 Preface

在现代社会中，职业素质已成为用人单位选用人才的重要标准，也是职场制胜、事业成功的第一法宝。职业素质包括职业人必备的思想、知识、技巧等素质。一个人在社会中扮演什么角色，在不同环境中体现什么身份，都需要准确定位，然后根据要求设计自己的仪态、表情、行为举止、服饰、谈吐以及待人接物的方法。职业形象塑造是一个综合范畴，强调仪容仪表、语言谈吐和行为举止的整体和谐，它要求职业者能够娴熟地掌握社交礼仪，通过语音、举止、姿势、动作等传递自信、昂扬、妩媚、潇洒、优雅等多种信息，形成有文化、有内涵的职业形象，以一定的、约定俗成的程序、方式来表现律己、敬人的过程。本书正是顺应市场经济发展对现代职业人员素质和能力的迫切需要，基于提升从业人员的职业形象，促其熟练运用人际交往的技巧，展示沟通艺术，进而完善职业人员的综合素质，增强其工作能力，增进职业竞争能力，打造完美职业形象的一本教材。

本书的编写以“使学生学会以敏锐的观察力去了解别人，以开放的心态去接受别人，以弹性的做法去对待别人”为目标，在编写过程中，广泛征求专家、一线教师和学生的意见，吸取了有关职业礼仪教材编写的经验，内容涉及着装、仪表、求职就业、接待、宴会、庆典、公务和社交等方面的礼仪应用知识，具有很强的实践指导意义。编排上以优秀职业行为的培养为出发点，注重对学生从意识到技能、从精神到习惯、从行为到礼仪的引导、启发、养成、修炼，力求做到知识实用简洁、案例以一当十、链接启人深思、习题适当延伸，以真正适应高职学生的学习、就业需求。

通过对本书的学习，期望能切实提高高职学生的内在美和外在美，提高礼仪文化的修养，提高学生的交往、沟通、组织、协调等职业能力；使高职学生既具有一定的礼仪理论知识，又具有较强的人际交往技巧和能力，胜任各行业对人员素质的要求，同时塑造良好的个人职业形象，成为具有高雅的气质、得体的举止、娴熟的人际交流技能，能直接胜任企事业单位管理和服务的综合型人才。

古希腊哲学家亚里士多德说“优秀是一种习惯”，塑造优秀职业形象的过程，就是培养优秀职业行为并使之习以为常，在职业活动过程中自发地展示于自我言行之中的过程。通过对本教材的学习，我们希望读者能习惯性地创造，习惯性地认真做事，习惯性地克己，习惯性地恕人，习惯性地欣赏自然和社会环境，走向成功，迈向卓越。

本书为高职生职业核心能力培养系列教材，各专业通用。

本书第 1、4、5、6、7、9 章由舒志华执笔编写，第 2、3、8、10 章由何敬东执笔编写，本书在编写过程中，得到了陈文贤教授、许军副教授的经常关心和支持，在此一并表示诚挚的谢意。

编者

2010 年 8 月

目录

Contents

素质包括了职业人必备的思想、知识、技巧等素质。一个人在社会中扮演什么角色，环境中体现什么身份，都需要准确定位，然后根据要求设计自己的仪态、表情、行、服饰、谈吐以及待人接物的方法。职业形象塑造是一个综合的范畴，强调仪容仪言谈吐和行为举止的整体和谐，它要求职业者能够娴熟地掌握社交礼仪，通过语音、举止、姿势、动作等传递自信、昂扬、妩媚、潇洒、优雅等多种信息，形成有文化、有内涵的职业形象，以一定的、约定俗成的程序、方式来表现律己、敬人的过程。

心灵美和仪表美不是对立的，而是不可分割的，只有它们互为表里，相得益彰，才是完善的美。

第1章 个人仪表礼仪

仪表即人的外表，是一个人精神面貌的外观体现，一般包括人的仪容、仪态、服饰等具体因素。仪容即人的相貌，是一个人仪表的基础内容；仪态即人的行为姿态，是一个人仪表的动态因素；服饰即人的穿戴打扮，是一个人仪表的补充成分。像风度一样，仪表也是一个多元的整体。

人不仅应该有美好的内心，而且也应该有美好的外表。如果把思想感情、性格品质、道德情操、文化修养看做一个人的内在美的话，那么包括仪容、仪态、服饰等因素在内的仪表则是一个人的外在美。从美学角度讲，美总是有形的，美的生命在于它外形的显现，抽象的内在本质的美只有借助外在美的形象才能得以表现。对仪表美的要求正基于此。仪表美不仅是物质躯体的外壳，它也能从一个侧面反映人的思想修养、精神气质，甚至反映社会文明的发展水平。心灵美与仪表美不是对立的，而是不可分割的，只有它们互为表里，相得益彰，才是完善的美。

第1节 仪容礼仪

■ 案例

小李的口头表达能力不错，对公司产品的介绍也得体，人既朴实又勤快，在业务人员中学历又最高，老总对他抱有很大期望。可他做销售代表半年多了，业绩总上不去，问题出在哪儿呢？原来，他是个不修边幅的人，双手拇指和食指喜欢留着长指甲，里面经常藏着很多“东西”。脖子上的白衣领经常是酱黑色，有时候手上还记着电话号码。他喜欢吃大饼卷大葱，吃完后却不知道去除异味的必要性。如此一来，在大多情况下，他根本没有机会见到想见的客户。

仪容主要指人们的容貌，简单讲是指人体不需要着装的部位，主要是面部，广义上还包括头发、手部以及因穿着某些服装而暴露出的腿部。它与人的生活情调、思想修养、道德品质和文明程度紧密相关。对职业人员仪容的基本要求是：强调自然美，精神饱满，容光焕发，具有青春活力；注重清洁卫生；发型朴实大方，具有职业规范；化妆淡雅自然，切忌浓妆艳抹。

一、对面部的要求

对面部最基本的要求是：时刻保持面部干净清爽，无汗渍和油污等不洁之物。修饰面部，首先要做到清洁。清洁面部最简单的方式就是勤于洗脸。午休、用餐、出汗、劳动或者外出之后，都应立刻洗脸。

（一）眼部

1. 清洁

眼部分泌物要及时清除。

2. 修眉

眉形刻板或不雅观的话，可进行必要的修饰。但尽量不要文眉，更不要剃眉毛。

3. 墨镜

戴墨镜出现在商务场合，会显得不伦不类，或有拒人千里之外之嫌。

（二）耳朵

1. 清洁

平时洗澡、洗头、洗脸时，应安全地清洗一下耳朵，及时清除耳孔中的分泌物。

2. 修剪耳毛

个别人士耳毛长得较快，当耳毛长出耳孔之外时，应及时进行修剪。

（三）鼻腔

鼻腔要随时保持干净，不要让鼻涕或别的东西充塞鼻孔。鼻毛要经常修剪，不可让鼻毛长到鼻孔外。

（四）嘴部

1. 清洁口腔

保持牙齿洁白、口腔无异味。坚持每天早、中、晚刷三次牙。饭后一定要刷牙，以去除残渣、异味。

2. 无异味

在重要应酬之前忌食蒜、葱、韭菜、萝卜、腐乳等可让人口腔发出刺鼻气味的东西。

在正式场合，男士胡须、女士汗毛都要修理整洁、清除干净。在社交场合，不发出咳嗽、哈欠、喷嚏、吐痰、吸鼻、打嗝、放屁等异响，如果不慎弄出了异响，要向身边的人道歉。

（五）脖颈

要经常清洁脖子，尤其是脖后、耳后，应给予其相应的呵护，防止过早老化。

二、对手臂的要求

（一）手掌

1. 干净

手应当勤洗。餐前便后，外出回来及接触到各种东西后，都应及时洗手。

2. 修剪指甲

手上的指甲应定期修剪，最好每周修剪一次。手指甲的长度以不超过手指指尖为宜。

3. 手部要健康

发现死皮后，应立即将其修剪掉。如果手部皮肤出现粗糙、红肿、皲裂等问题，要及时护理、治疗。若长癣、生疮、发炎、破损、变形，不仅要治疗，还要避免接触他人。

（二）肩臂

在正式的商务场合中，手臂，尤其是肩部，不应当裸露在衣服之外。

（三）汗毛

在他人面前，尤其是外人或异性面前，腋毛是不应为对方所见的。否则，即为失礼。

三、对腿部的要求

（一）脚部

1. 裸露

在正式的社交场合不允许光着脚穿着鞋子，而且使脚部过于暴露的鞋子（如拖鞋、凉鞋）也不能穿。

2. 清洁

注意保持脚部的卫生，保证脚无异味。在非正式场合光脚穿鞋子时，要确保脚干净、清洁。

3. 脚趾

脚趾甲要勤于修剪，最好每周修剪一次。趾部通常不应露出鞋外。

（二）腿部

在正式场所，不允许男士暴露腿部，即不允许男士穿短裤；女士可以穿长裤、裙子，但不得穿短裤或是暴露大部分大腿的超短裙。女士在正式场合穿裙子时，不允许光着大腿不穿袜子，尤其不允许袜子以外的部分暴露在裙子之外。

（三）汗毛

男子成年后，一般腿部的汗毛都很重，所以在正式场合不允许穿短裤或卷起裤管。女士的腿部汗毛如果过于浓密，应脱去或剃掉，或选穿深色丝袜，加以遮掩。没有剃掉或脱掉过浓密的汗毛之前，切忌穿浅色的透明丝袜。

■ 相关链接

在非洲草原上，有一种不起眼的动物叫吸血蝙蝠。它身体极小，却是野马的天敌。这种蝙蝠靠吸动物的血生存，它在攻击野马时，常附在马腿上，用锋利的牙齿极敏捷地刺破野马的腿，然后用尖尖的嘴吸血。无论野马怎么蹦跳、狂奔，都无法驱逐这种蝙蝠。蝙蝠却可以从容地吸附在野马身上，落在野马头上，直到吸饱吸足，才满意地飞去。而野马常常在暴怒、狂奔、流血中无可奈何地死去。动物学家们在分析这一问题时，一致认为吸血蝙蝠所吸的血量是微不足道的，远不会让野马死去，野马的死亡是它暴怒的习性和狂奔所致。

细想一下，这与现实生活有着惊人的相似之处。将人们击垮的有时并不是那些看似灭顶之灾的挑战，而是一些微不足道的鸡毛蒜皮的小事。人们的大部分时间和精力无休止地消耗在这些鸡毛蒜皮之中，最终让大部分人一生一事无成。生活要求人们不断地清点，看看忙忙碌碌中，哪些是重要的、是必要的，哪些是不重要的或是无须劳神去忙的。然后，果断地将那些无益的事情抛弃，不去理它。

■ 习题

“我脸上有雀斑，会不会影响找工作？”“我手臂上和小腿上的汗毛又黑又长，怎么办？”“我脸上有个明显的疤痕，会影响求职吗？”……很多求职者，特别是女性求职者，在外形上有着各种各样的顾虑，甚至产生了整形的想法。你对此怎么看？

第2节 仪态礼仪

■ 案例

有一位美国华侨，到国内洽谈合资业务，洽谈了好几次，最后一次来之前，他曾对朋友说：“这是我最后一次洽谈了，我要跟他们的最高领导谈，谈得好，就可以拍板。”过了两个星期，他又回到了美国，朋友问：“谈成了吗？”他说：“没谈成。”朋友问其原因，他回答：“对方很有诚意，进行得也很好，就是跟我谈判的这个领导坐在我的对面，当他跟我谈判时不时地抖着双腿，我觉得还没有跟他合作，我的财都被他抖掉了。”

■ 理论知识

仪态是指人在行为中的姿态和风度，良好的仪态既是体态美的展示，又是其内在修养和心理状态的自然流露。英国哲学家培根说过：“相貌的美高于色泽的美，而秀雅合适的动作的美，又高于相貌的美，这是美的精华。”良好的仪态来自于人们高尚的品质情操、广博的知识、良好的心理品质和独到的思辨能力。仪态中所表现出的完善的美，必须是人们内在美与外在美的和谐统一，必须是高尚品质、广博学识、良好心理品质和独到思辨能力与正确的站姿、优雅的坐姿、雅致的步态、恰当的手势、真诚的表情、和蔼的态度和优美的动作等的和谐统一。“站如松、坐如钟、走如风、卧如弓”，是中国传统礼仪对仪态的要求，在当今社会中已被赋予了更丰富的内涵。随着对外交往的深入，我们要学会用兼收并蓄的宽容之心去读懂对方的姿态，更要学会通过完善自我的姿态去表达自己想要表达的内容。

一、站立的姿势

站立是人们生活中一种最基本的举止。常言说“站如松”，就是说站立应像松树那样端正挺拔。站姿是静力造型动作，显现的是静态美。站姿又是训练其他优美体态的基础，是发展不同姿态美的起始点。因此，练好站姿有着极其重要的意义。

（一）规范站姿要求

站立服务时站姿的基本要求：站立端正、自然、稳重、亲切、精神饱满。

站立服务时站姿的具体要领如下。

头正：两眼平视前方，嘴微闭，收颌梗颈，表情自然，稍带微笑。

肩平：两肩平正，微微放松，稍向后下沉。

臂垂：两肩平整，两臂自然下垂，中指对准裤缝。

躯挺：胸部挺起、腹部往里收，腰部正直，臀部向内向上收紧。

腿并：两腿立直，贴紧，肌肉略有收缩感，脚跟靠拢，两脚夹角成60°。

（二）几种站姿

1. 规范站姿

如前文介绍。

2. 叉手站姿

两手在腹前交叉，或右手搭在左手上直立。采用这种站姿，男子可以两脚分开，距离不超过20厘米；女子可以用小“丁”字步，即一脚稍微向前，脚跟靠在另一脚内侧。

这种站姿端正中略有自由，郑重中略有放松。在站立中身体重心还可以在两脚间转换，以减轻疲劳，这是一种常用的接待站姿。

3. 背手站姿

双手在身后交叉，右手贴在左手外面，贴在两臀中间。两脚可分可并。分开时，不超过肩宽，脚尖展开，两脚夹角成60°。挺胸立腰，收颌收腹，双目平视。

这种站姿优美中略带威严，易产生距离感，所以常用于门卫和保卫人员。如果两脚改为并立，则突出了尊重的意味。

4. 背垂手站姿

一手背在后面，贴在臀部，另一手自然下垂，手自然弯曲，中指对准裤缝，两脚可以并拢，也可以分开，还可以成小"丁"字步。

这种站姿多用于男士，显得大方、自然、洒脱。

以上几种站姿密切地联系着岗位工作，在日常生活中适当的运用，会给人以挺拔俊美、庄重大方、舒展优雅、精力充沛的感觉。

要掌握这些站姿，必须经过严格的训练，长期坚持，形成习惯。

（三）不标准站姿的矫正

不标准的站姿一般表现为探脖、斜肩、弓背、挺腹和撅臀等。

矫正斜肩的方法一般是采用增强一侧的肌紧张以取得对抗性的平衡，达到矫正的目的。矫正弓背的方法一般应强调挺胸立腰，经常做扩胸动作，提高后背肌群力量，使后背平直、胸挺起。矫正挺腹的方法一般采用做仰卧起坐、仰卧举腿的方法，增加腹肌力量，增强收腹意识。

（四）站立时忌讳

忌讳探脖、塌腰、耸肩、弯腰驼背、摇头晃脑、东倒西歪；忌讳倚靠在桌、椅或门、墙上；忌讳双手放在衣兜里，腿脚不自主地抖动，把脚踏在凳上或在地面上蹭来蹭去，乱踢地面上的东西。

二、走路的步态

行姿是一种动态美。每个人都是一个流动的造型体，优雅、稳健、敏捷的行姿，会给人以美的感受，产生感染力，反映出积极向上的精神状态。

（一）规范的行姿要求

职业人员走路的步态要端正、轻盈、稳健、充满活力，体现一种动态美。女子的步态要轻盈有节奏，展示出曲线美；男子的步态要稳健，充满阳刚之气。

基本要求：上体正直不摆动，两肩相平不摇，抬头挺胸，微收腹；两臂自然前后摆动，肩部放松；两腿直而不僵，提髋，身体重心落在脚掌的前部；眼平视，嘴微闭，面带微笑；步幅适中均匀，两脚落地一线，忌“内八字”和“外八字”。

行姿的具体要领如下。

头正：双目平视，收颌，表情自然平和。

肩平：两肩平稳，防止上下、前后摇摆。双臂前后自然摆动，前后摆幅在30°~40°，两手自然弯曲，在摆动中离开双腿不超过一拳的距离。

躯挺：上身挺直，收腹立腰，重心稍前倾。

步位直：男子行走时步位一般要求两脚跟交替前进在两条平行线上，两脚尖稍外展。女子走路的步位要求两脚轮换前进，两脚尖略开，脚跟先着地，两脚内侧落地，要踩一条线，称“一”字步，而不是两条平行线。若女子的步位走两条平行线，臀部会失去摆动，腰部会显得僵硬，失去步态的优美。

步速平稳：行进的速度应当保持均匀、平稳，不要忽快忽慢，在正常情况下，步速应自然舒缓，显得成熟、自信。

（二）变向行姿

变向行姿是指在行走中，需转身改变方向时，采用合理的方法，体现出规范和优美的步态。

1. 后退步

与人告别时，应当先后退两三步，再转身离去，退步时脚轻擦地面，步幅要小，先转身后转头。

2. 引导步

引导步是用于走在前边给客人带路的步态。引导时要尽可能走在客人左侧前方，整个身体半转向客人方向，保持两步的距离，遇到上下楼梯、拐弯、进门时，要伸出左手示意，并提示请客人上楼、进门等。

3. 前行转身步

在前行中要拐弯时，要在距所转方向外侧的一脚落地后，立即以该脚掌为轴，转过全身，然后迈出另一脚，即向左拐，要右脚在前时转身；向右拐，要左脚在前时转身。

(三) 行走时的忌讳

忌讳行走摇晃肩膀，双臂大甩手，大幅度扭腰摆臀；忌讳急跑步或脚跟用力着地而发出声响；忌讳行走“八”字步，路线弯曲，甚至东张西望；忌讳抢道而行，不打招呼，不致歉意；忌讳与人并行勾肩搭背。

三、端坐的姿势

坐姿是非常重要的仪态。在日常工作和生活中，离不开这种举止。坐是一种静态造型，对男性，更有“坐如钟”一说。端庄优美的坐姿，会给人以文雅、稳重、大方的美感。

(一) 端坐姿势的基本要求

端坐姿态的基本要求：坐得端正稳重、自然亲切、文雅自如。

端坐姿态的具体要领：入座时，轻缓地走到座位前，转身后两脚成小“丁”字步，左前右后，两膝并拢的同时上身前倾，向下落座。如果穿的是裙装，在落座时要用双手在后边从上往下把裙子拢一下，以防坐出皱折或因裙子被打折坐住，而使腿部裸露过多。坐下后，上体自然坐直，头正目平，嘴微闭，面带微笑；胸微挺，腰伸直，腰部微靠（或只坐椅子三分之二处）；两腿自然弯曲，小腿与地面基本垂直，两脚平落地面，双膝并拢，臀部坐在椅子中央；起立时，右脚先向后收半步，然后站起。离开时，再向前走一步，自然轻身退出房间。

(二) 端坐时两手、两腿和两脚的摆法

两手摆法：有扶手时，双手轻搭在扶手上，或一手搭在扶手上一手轻放在腿上；无扶手时，两手相交或轻握或呈“八”字形置于腿上，或左手放在左腿上。

两腿摆法：椅高适中时，两腿稍靠或稍分，但不能超过肩宽；椅面低时，两腿并拢，自然倾斜于一方；椅面高时，一腿搁于另一腿上，脚尖向下。

两脚摆法：脚跟、脚尖全靠或一靠一分；也可一前一后或右脚放在左脚外侧。

（三）女子八种优美坐姿

1. 标准式

坐下后，上身挺直，双肩平正，两臂自然弯曲，两手交叉叠放在两腿中部，并靠近小腹。两膝并拢，小腿垂直于地面，两脚保持小丁字步。

2. 前伸式

在标准坐姿的基础上，两小腿向前伸出一脚的距离，脚尖不要翘起。

3. 前交叉式

在前伸式坐姿的基础上，右脚后缩，与左脚交叉，两踝关节重叠，两脚尖着地。

4. 屈直式

右脚前伸，左小腿后屈，大腿靠紧，两脚前脚掌着地，并在一条直线上。

5. 后点式

两小腿后屈，脚尖着地，双膝并拢。

6. 侧点式

两小腿向左斜出，两膝并拢，右脚跟靠拢左脚内侧，右脚掌着地，左脚尖着地，头和身躯向左斜。注意大腿小腿要成90°，小腿要充分伸直，尽量显示小腿长度。

7. 侧挂式

在侧点式坐姿的基础上，左小腿后屈，脚绷直，脚掌内侧着地，右脚提起，用脚面贴住左踝，膝和小腿并拢，上身右转。

8. 重叠式

重叠式也叫“二郎腿”或“标准式架腿”等。

在标准式坐姿的基础上，两腿向前，一条腿提起，腿窝落在另一腿的膝关节上边。要注意上边的腿向里收，贴住另一腿，脚尖向下。

重叠式还有正身、侧身之分，手部也可交叉、扶把手等多种变化。

“二郎腿”一般被认为是一种带有不严肃、不庄重的坐姿，尤其是女子不宜采用。其实，这种坐姿常常被采用，因为只要注意上边的小腿往回收，脚尖向下这两个要求，不仅外观优美文雅，大方自然，富有亲近感，而且还可以充分展示女子的风采和魅力。

（四）男子六种优美坐姿

1. 标准式

上身正直上挺，双肩正平，两手放在两腿或扶手上，双膝并拢，小腿垂直地落于地面，两脚自然分开成45°。

2. 前伸式

在标准式坐姿的基础上，两小腿前伸一脚的长度，左脚向前半脚，脚尖不要翘起。

3. 前交叉式

小腿前伸，两脚踝部交叉。

4. 屈直式

左小腿后屈，前脚掌着地，右脚前伸，双膝并拢。

5. 斜身交叉式

两小腿交叉向左斜出，上体向右倾，右肘放在扶手上，左手扶把手。

6. 重叠式

右腿叠在左腿膝上部，右小腿内收、贴向左腿，脚尖自然地向下垂。

（三）端坐时的忌讳

忌讳双腿平直伸开呈叉开状，将脚尖翘起左右晃动，或把双脚缩在座椅下面；忌讳翘“二郎腿”脚尖对着他人，频繁地抖动；忌讳在客人面前双手抱膝或手捂在小腹处；忌讳旁若无人，整理头发和衣服、不时摆弄手指、衣角、手帕及其他小件物品；忌讳脱掉鞋子或把脚露在鞋外；忌讳双手交叉于脑后仰坐在工作台旁。

四、得体的手势

手势在人际交往中有着重要的作用，手势是动态美，可以加重语气，增强感情的表达，能在交际中起到锦上添花的作用。规范适度的手势，给客人以彬彬有礼、优雅大方、真诚含蓄的感受。

（一）得体手势的基本要求

旅游职业人员手势的基本要求是自然优雅、规范适度、落落大方。规范是指动作标准正确；适度即手势不宜过多，幅度不宜过大；落落大方即不拘谨，不做作，自然诚恳。

（二）规范适度手势的具体要求

规范的手势应当是手掌自然伸直，掌心向内向上，手指并拢，拇指自然稍稍分开，手腕伸直，使手与小臂成一直线，肘关节自然弯曲，大小臂的弯曲以140°为宜。

在出手势时，要讲究柔美、流畅，做到欲上先下、欲左先右。避免僵硬死板、缺乏韵味。同时配合眼神、表情和其他姿态，使手势更显协调大方。

（三）常用手势

1. 横摆式

在表示“请进”、“请”时常用横摆式。做法是：五指并拢，手掌自然伸直，手心向上，肘微弯曲，腕低于肘。开始做手势应从腹部之前抬起，以肘为轴轻缓地向一旁摆出，到腰部并与身体正面成45°时停止。头部和上身微向伸出手的一侧倾斜，另一手下垂或背在背后，目视客人，面带微笑，表现出对客人的尊重、欢迎。

2. 前摆式

如果右手拿着东西或扶着门，这时要向客人做向右“请”的手势时，可以用前摆式。做法是：五指并拢，手掌伸直，由身体一侧由下向上抬起，以肩关节为轴，手臂稍曲，到腰的高度再由身前右方摆去，摆到距身体15厘米，并不超过躯干的位置时停止。目视来宾，面带笑容，也可双手前摆。

3. 双臂横摆式

当来宾较多时，表示“请”可以动作大一些，采用双臂横摆式。做法是：两臂从身体两侧向前上方抬起，两肘微曲，向两侧摆出。指向前进方向一侧的臂应抬高一些，伸直一些，另一手稍低一些，曲一些。也可以双臂向一个方向摆出。

4. 斜摆式

请客人落座时，手势应摆向座位的地方。手要先从身体的一侧抬起，到高于腰部后，再向下摆去，使大小臂成一斜线。

5. 直臂式

需要给他人指方向时，采用直臂式，应掌心向上伸直，手指并拢，屈肘从身前抬起，向指的方向摆去，抬到肩的高度时停止，肘关节基本伸直。注意指引方向，不可用一根手指指出，显得不礼貌。指示方向时，上体稍向前倾，面带微笑，自己的眼睛看着目标方向，并兼顾对方是否意会到目标。这种手势有诚恳、恭敬之意。

（三）做手势时的注意事项

手势是人的道德修养、心理品质的外在表现，得体的手势来自于职业人员对他人的尊重和友好。

在不同的国家、不同的民族、不同的地区，对同一种手势的理解可能不同。因此，在与他人交往时使用手势还必须注意各国不同的习惯，以免闹出笑话或造成误会。

做手势时忌讳在客人面前拉拉扯扯，或在客人背后指指点点；忌讳讲到自己时，用手指着自己的鼻尖，讲到别人时，用手指点别人；忌讳手势过多过快，手舞足蹈；忌讳在客人面前用手指掏鼻孔、剔牙、挖耳朵、抓头皮、打哈欠、搔痒等。

五、优美的蹲姿

拿取低处物品或拾起落在地面上的物品时，不可弯腰曲背，低头翘臀，要使用蹲和屈膝动作。取拾时，可采用交叉式蹲姿或高低式蹲姿，以避免低头、弯腰、翘臀或双腿叉开，因为这样既不文雅，又不礼貌。

交叉式蹲姿：下蹲时右脚在前，左脚在后，右小腿垂直于地面，全脚着地。左腿在后与右腿交叉重叠，左膝由后面伸向右侧，左脚跟抬起，脚掌着地。两腿前后靠紧，合力支撑身体。臀部向下，上身稍前倾。女士必须将腿靠紧，臀部向下。

高低式蹲姿：下蹲时左脚在前，右脚稍后（不重叠），两腿靠紧向下蹲。左脚全脚着地，小腿基本垂直于地面，右脚脚跟提起，脚掌着地。右膝低于左膝，右膝内侧靠于左小腿内侧，形成左膝高右膝低的姿态。臀部向下，基本上以左腿支撑身体。

六、真诚而丰富的面部表情

（一）表情的概念

表情是指在交际时人们面部的变化，是人们体态语言的一种表现形式，是思想感情的外露。表情具有沟通感情和传递信息的作用。

人的感情是复杂的，其来自复杂的社会生活。在人际交往时，喜、怒、哀、乐等表情最为常见。一个人的眼睛、眉毛、嘴巴和面部表情肌肉的变化，能表达一个人不同的感情。

（二）微笑

笑是一种艺术。作为礼仪的笑容应该是美好、自然的，它是常态下的微笑。职业人员要塑造美好的笑容，就要加强笑的艺术修养，剔除不良习惯，做到四要四不要。

1. 四要

一要口眼鼻眉肌结合，做到真笑。发自内心的微笑，会自然调动人的五官：眼睛略眯起、有神，眉毛上扬并稍弯，鼻翼张开，脸肌收拢，嘴角上翘，笑不露齿。做到眼到、眉到、鼻到、肌到、嘴到，才会亲切可人，打动人心。

二要神情结合，显出气质。笑的时候要精神饱满、神采奕奕，要笑得亲切、甜美。这样的笑伴以稳重、伴以文化修养，就能显出气质。微笑在于它是含笑于面部，“含”使人回味，给人以深刻、有包容性的感觉。一位艺术家曾说，他喜欢面带笑意的含蓄感，但如果露齿或张嘴笑起来，再好的气质也没有了。

三要声情并茂，相辅相成。在服务工作中，微笑和语言美往往是孪生子，甜美的微笑伴以礼貌的语言，二者相映生辉。如果脸上微笑，却出言不逊、语言粗野，其微笑就失去了意义；如果语言文明礼貌，却面无表情、冰冷一块，会令人怀疑你的诚意。只有声情并茂，你的热情、诚意才能为人理解，并且相辅相成、锦上添花。

四要与仪表举止的美和谐一致，从外表形成完美统一的效果。

2. 四不要

一不要缺乏诚意，强装笑脸，不发自内心的勉强敷衍的笑、机械呆板的笑、尴尬的笑。

二不要露出笑容随即收起，或对他人不尊重的神秘的笑、皮笑肉不笑。

三不要仅为情绪左右而笑，如由于情绪波动而产生的神秘的笑、忧郁的笑、呆痴的笑。

四不要把微笑只留给上级、朋友等少数人。

（三）眼神

眼睛被称为心灵的窗户，这是因为心灵深处的奥秘都会不自觉地从眼神中流露出来。印度诗人泰戈尔说："一旦学会了眼睛的语言，表情的变化将是无穷无尽的。"这又说明，眼睛的语言表现力是极强的，是其他举止无法比拟的。一双炯炯有神的眼睛，给人以感情充沛、生机勃发的感觉；目光呆滞麻木，则使人产生疲惫厌倦的印象。

在人与人之间进行交流时，目光的交流总是处于最重要的地位。信息的交流要以目光的交流为起点。交流过程中，双方要不断地用目光表达自己的意愿、情感，还要适当观察对方的目光，探测"虚实"。交流结束时，也要用目光做一个圆满的结尾。在各种礼仪形式中，目光有重要的位置，目光运用得当与否将直接影响礼仪的质量。

对职业人员眼神的要求是炯炯有神，体现出热情、礼貌、友善、诚恳。在交流中，精神集中，注视对方；走路、站立时目平视，不左顾右盼。

不同场合与不同情况，应运用不同的目光。

见面时，不论是见到熟悉的人还是初次见面的人，不论是偶然见面还是约定见面，首先要眼睛大睁，以闪烁光芒的目光正视对方片刻，面带微笑，显示出喜悦、热情的心情。对初次见面的人，还应头部微微一点，行一注目礼，表示出尊敬和礼貌。

在与人交谈时，应当不断地通过各种目光与对方交流，调整交谈的气氛。交谈中，应始终保持目光的接触，这是表示对话题很感兴趣。长时间回避对方目光而左顾右盼，是不感兴趣的表示。但应当注意，交流中的注视，绝不是把瞳孔的焦距收束，紧紧盯住对方的眼睛，这种逼视的目光是失礼的，也会使对方感到尴尬。交谈时正确的目光应当是自始至终都在注视，但注视并非紧盯，瞳孔的焦距要呈散射状态，用目光笼罩对方的面部，同时应当辅以真挚、热诚的面部表情。

交谈中，随着话题、内容的变换，眼神应做出及时恰当的反映，或喜或惊，或微笑或沉思，用目光流露出会意的万千情意，使整个交谈融洽、和谐、生动、有趣。

交谈和会见结束时，目光要抬起，表示谈话的结束。道别时，仍应用目光注视着对方的眼睛，面部表现出惜别的神情。

在掌握并正确运用自己目光语言的同时，还应当学会阅读对方目光语言的方法，从对方的目光变化中，分析他的内心活动和意向。随着交谈内容的变化，目光和表情和谐地统一，表示很感兴趣，思想专注，谈兴正浓。对方的目光长时间地中止接触或游移不定，表示对交谈不感兴趣，交谈应当很快结束。交谈中，目光乜斜，表示鄙夷；目光紧盯，表示疑虑；偷眼相觑，表示窘迫；瞪大眼睛，表示吃惊，如此等等。目光语言是千变万化的，但都是内心情感的流露。学会阅读、分析目光语言，对于正确处理社交活动的进行和发展有着重要意义。

人的眼睛的表现力是极为丰富、极为微妙的，难以规定出一个模式。总之，目光是受感情制约的，要想在社交礼仪中正确地运用目光，关键是把握好自己的内心感情。感情把握得当，目光才能很好地发挥作用。

在岗位上忌讳的眼神：不可直视，旁若无人，这表示高傲；不可左顾右盼，这表示心中有事，精力不集中；不可只与人打招呼，而不注视对方，这表示不欢迎；不可瞪眼凝视对方，这表示敌意，使对方无安全感；不可乜斜着扫一眼或白眼，这表示鄙夷或反感；不可正视、逼视，这表示命令，使对方有压抑感；不可不停地上下打量对方，这表示挑衅；不可眼睛眨个不停或眯着眼看对方，这表示疑问或轻视；不可眼睑微睁、目光涣散，这表示无精打采，无工作热情。

■ 相关链接

一只小猪、一只绵羊和一头乳牛被关在同一个畜栏里。有一次，牧人捉住小猪，小猪大声号叫，猛烈地抗拒。绵羊和乳牛讨厌小猪的号叫，便说："他常常捉我们，我们并不大呼小叫。"小猪听了回答道："捉你们和捉我完全是两回事，他捉你们，只是要你们的毛和乳汁，但是捉住我，却是要我的命呢！"

立场不同、所处环境不同的人，很难了解对方的感受，因此对别人的失意、挫折、伤痛，不宜幸灾乐祸，而应抱有关怀、了解的心情，要有一颗宽容的心。

■ 习题（案例分析）

一、元世祖忽必烈有一次召见应聘官员，应聘者中有一位学士叫胡石塘。此人生性粗心，不拘小节，歪戴着帽子也没有发现就进去面见元世祖。元世祖忽必烈看见他，问道："你有什么本事啊？说来我听听。"胡学士回答说："我有治国平天下的学识。"忽必烈听了哈哈大笑："你连自己头上的帽子都戴不平，还能平天下吗？"

胡学士因为歪戴帽子，不拘小节而葬送了前程，难道不足以说明礼仪礼貌的重要吗？

讨论题

你是怎样理解"小处不可随便"这个问题的？

二、飞机起飞前，一位乘客请空姐给他倒一杯水吃药，空姐很有礼貌地说："先生，为了您的安全，请稍等片刻，等飞机进入平衡飞行后，我会立刻把水给您送过来，好吗？"

十五分钟后，飞机早已进入平衡飞行状态。突然，乘客服务铃急促地响了起来，空姐猛然意识到：糟了，由于太忙，她忘记给那位乘客倒水了。当空姐来到客舱，看见按响服务铃的果然是刚才那位乘客，她小心翼翼地把水送到那位乘客眼前，微笑着说："先生，实在对不起，由于我的疏忽，延误了您吃药的时间，我感到非常抱歉。"这位乘客抬起左手，指着手表说道："怎么回事，有你这样服务的吗？你看看，都过了多久了？"空姐手里端着水，心里感到很委屈，但是无论她怎么解释，这位挑剔的乘客都不肯原谅她的疏忽。

接下来的飞行途中，为了弥补自己的过失，每次去客舱给乘客服务时，空姐都会特意走到那位乘客面前，面带微笑地询问他是否需要水，或者别的什么帮助，然而，那位乘客余怒未消，摆出一副不合作的样子，并不理会空姐。

临到目的地前，那位乘客要求空姐把留言本给他送过去，很显然，他要投诉这名空姐，此时空姐心里很委屈，但是仍然不失职业道德，显得非常有礼貌，而且面带微笑地说道："先生，请允许我再次向您表示真诚的歉意，无论您提出什么意见，我都会欣然接受您的批评！"那位乘客脸色一紧，想要说什么，可是终没有开口，他接过留言本，开始在本子上写了起来。

等到飞机安全降落，所有的乘客陆续离开后，空姐本以为这下完了，没想到，等她打开留言本，却惊奇地发现，那位乘客在本子上写下的并不是投诉信，相反，是一封热情洋溢的表扬信。

是什么使得这位挑剔的乘客最终放弃了投诉呢？在信中，空姐读到这样一句话："在整个过程中，你表现出的真诚的歉意，特别是你的十二次微笑深深打动了我，使我最终决定将投诉信写成表扬信！你的服务质量很高，下次如果有机会，我还将乘坐你们这趟航班。"

讨论题

1. 微笑有何作用？
2. 微笑应注意什么？

第3节 服饰礼仪

案例

某外企招聘总裁助理，张小姐顺利地连闯数关，进入到最后五名面试者的行列。为保万无一失，她精心打扮了一番。总裁面试那天，张小姐着一身很前卫的时装，佩戴着时尚的手环、造型别致的卡通表、靓丽的项链、新潮的耳坠，凸显其时尚而且风姿卓著的迷人魅力。加上研究生学历，她在所有面试者中显得鹤立鸡群。张小姐暗自得意，满以为胜券在握。可面试的结果却出乎她的预料，她落选了。人事经理很抱歉地告诉她："您很出色，考官们对您的能力很认可，对您的打扮和形象也很欣赏，但都觉得您的形象不太适合总裁助理这个岗位，抱歉。"

理论知识

一、服饰

（一）服饰的含义

孔子说过："人不可以不饰。不饰无貌，无貌不敬，不敬无礼，无礼不立。"由此可见，孔子所谓的"饰"即服饰的重要性。美是一种境界，也是一种风格。服饰的美离不开人。所谓服饰美是指穿戴打扮适度、得体、美观。而所谓服装的美饰性，主要是指构成服装的款式、面料、花型、颜色和缝制加工五个方面，形成服装的美感。

服饰被视为人的“第二肌肤”。它既是一种社会符号，也是一种审美符号和情感符号。它好似一封无言的介绍信，时时刻刻向自己的每一个交往对象传递着各种信息。它能反映出一个人的文化修养、审美情趣，也能表现出一个人的价值观、生活哲学。正如莎士比亚所说：“服装往往可以表现人格”，“一个人的着装就是其自身修养的最形象的说明”。

在现代社会，爱吃什么是自己的事，爱穿什么却必须考虑他人。2005年，我国曾经发生过一宗关于“红白喜事”的诉讼案，讲的是有人在某餐厅举办婚礼时，一队穿丧服的人进入餐厅，结果双方发生了冲突和不快，该餐厅也被告上法庭。可以说，一个人的服饰并不只代表其外在形象，它还是个人社交取得成功的重要前提。对待服饰礼仪，我们决不可掉以轻心。

（二）服饰的种类

服饰在它产生之初，具有明显的功利目的，是人类为了保护身体、御寒保暖，为工作、劳动、运动、休息、卫生等用途和功能而制作的，后来又增加了一定的社会功能，即为举行婚礼、葬礼及各种仪式、会客等的需要而制作。现代社会，服饰已成为人的形体外延，对形体美起着修饰作用，满足人们的审美需求。服饰反映着人们的社会生活、文化水平和道德修养。

服装的分类标准很多，如按年龄可分为童装、成人装、老年装；按性别可分为男装、女装、中性装；按穿用季节可分为春秋装、夏装、冬装；按形体可分为标准形体装、特殊形体装；按用途及穿用场合可分为常服、礼服、制服、运动装、休闲装等。

在诸多有关服装的分类标准中，相对来说，以用途和穿用场合作标准进行的划分更符合服饰礼仪的规范。常服是和礼服相对而言的，指平时经常穿用的服装。由于在服饰搭配上没有限定性，常服最容易穿出个性。常服在很多场合如熟人间或一般社交场合中均可以自由穿用，但在较为庄重的场合如商务场合就不宜穿用了。就穿用时间的长短来说，制服也是经常穿用的，不过仅限于工作场合。

礼服，顾名思义，是和礼仪相关且服从于礼仪的服装，它最具有礼仪的意义。在西方，礼服又可区分为正式、非正式、半正式、早礼服、晚礼服等，而在我国基本上没有这样的区分。中国人参加重大国际活动时，通常要穿深颜色如藏蓝色的西装，穿藏蓝色中山装也是得体的。

装饰品和服装一样，也有很多种。从广义上说，装饰品可分为首饰和配件两大类，发卡、耳环、戒指、项链等属于前者，后者则如领带、围巾、手袋、皮夹等。首饰是仪容仪表的必需品，也是和服装关系密切的“伙伴”，如果和服装截然游离开来，就不可能取得良好的整体效果。领带、围巾和服装的关系自不必多说，而手袋、皮夹等配件和服装的搭配亦不容忽视。

（三）着装的原则

1. TPO 原则

TPO 即英语中 Time（时间）、Place（地点）、Object（目的）的缩写，是指着装要符合具体的时间、地点和目的。

时间泛指早晚、季节、时代等。着装要顺应自然的变化，如不能在冬季“为了俏，冻得跳”，也不可在夏天“捂得汗水湿透西服”。着装还要有时代特点，要显示出不同时代的不同风格。需注意的是，欧美人习惯在休息日不穿正装，因此，在这些国家的休息日若有外事活动，应事先与对方沟通，提前确定好是否要着正装、打领带，以避免引起误会。另外，在国外考察适逢休息日或者在国外旅游时也应注意着便装。

地点是指地方、场所、位置等。着装要因地制宜。人置身于不同的环境、场合时，就应穿戴不同的服饰，以保持与周围环境的和谐。如在公务场合，着装应遵从庄重、保守、传统的原则，故要穿制服、套装、套裙、工作服等；在社交场合，着装应遵从典雅、时尚、个性的原则，因此可穿时装、礼服、民族服装及其他个性化服装等；而在休闲场合，着装应遵从舒适、方便、自然的原则，所以可选择穿家居装、牛仔裤、运动装、沙滩装等。

目的是指出席活动的意图。服饰不只是给自己欣赏，更重要的是给他人欣赏，在社交场合尤其如此。服饰具有遮挡与炫耀的功能，至于遮挡什么、炫耀什么，应具体情况具体分析。如在别人的婚礼上不应浓妆艳抹，和新郎、新娘争奇斗艳，也不能穿着近似丧服的衣服去赴宴。值得一提的是，在发挥目的性方面，服饰的款式、颜色、质地等非常重要——是自尊还是随便、是隆重还是怠慢、是张扬还是谨慎，都可从一个人的服饰着装上体现出来。

2. 协调性原则

古希腊人认为“和谐就是美”。服饰的美要达到和谐的视觉效果，就应恪守协调性原则。

其一，与社会角色相协调。在社会生活中，每个人都扮演着不同的角色。无论是谁，都应该遵守相应的社会行为规范，要在服饰着装上与自己所扮演的社会角色相协调。例如，在家时可以自由穿戴，而作为职业人士面对同事和客户时就不能无所顾忌地穿着打扮了。再如，男士穿花衣服、女士着男装等，都会造成一定的不良影响。

其二，与自身条件相协调。人的身材有高有矮、体型有胖有瘦、肤色有深有浅，因此着装时应考虑到这些差异，要充分了解自身的特点，才能扬长避短。比如说，体型丰满的人应选择小花纹、直条纹的衣料，颜色上则最好选用冷色调，以达到显瘦的效果；体型偏胖的人着装要力求款式简洁，衣服设计以中腰略收、后背扎一中缝为好，而衣领最好选择“V”字领；体型较瘦的人应选择色彩鲜明、大花图案以及方格或横格的衣料，以产生宽阔、健壮的视觉效果。

其三，与个人年龄相协调。不管是年轻人还是老年人，都有权利打扮自己，但在穿着打扮时需注意与个人年龄相协调。无论是青年人、中年人还是老年人，只要穿着与其年龄相协调，就都能透露出一种独特的美来。一般来说，青年人应穿得鲜艳、活泼、随意一些，这样可以体现出他们那种富有朝气、蓬勃向上的青春之美；中老年人的着装则以庄重、雅致、整洁为宜，以展现出他们那种已然历经世事的成熟、稳重之美。

3. 整体性原则

正确的着装，讲究服饰的系统性，强调整体考虑，精心搭配。着装时要注意服装和装饰品的各个部分相互呼应、配合，要恪守服饰本身约定俗成的搭配，要尽可能地实现整体上的完美与和谐。例如，穿西装时应配皮鞋，不能穿布鞋、凉鞋、运动鞋等。再如，女士穿西服套裙时，应手提皮包，而不能拎个草编手袋、布袋、帆布袋等。

4. 整洁性原则

不管在什么情况下，着装都应整齐，不要又褶又皱、不熨不烫；应完好、干净、卫生。

5. 更换原则

按照现代社交礼仪规则，服饰应注意经常更换，尤其是衬衣、胸衣、内裤之类的贴身衣物要每天都换。经常更换的服饰，不一定非得豪华、昂贵，只要干净、整齐就可以了。在一些讲究的场合，如出席国际研讨会，男士的西服虽然没必要天天换，但可以上午戴一条领带，下午戴另一条领带；女士则可以多带几条丝巾配着西装或套裙轮着换，以在不同时刻展示出不同的风采。出席欢迎晚宴、酒会时，有条件的应当另换一套服饰。

二、职业服饰

（一）职业服饰的作用

各行业中职业人员的工作制服是职业服饰，穿着职业服装不仅是对服务对象的尊重，同时也使着装者有一种职业自豪感、责任感，是敬业、乐业在服饰上的具体表现。

1. 职业服饰关系到个人的形象

第一，能增强自信心。每当人们穿上自认为好看的服装时，往往相信自己穿了它会美，这种心理对着装效果的认同，会使自我产生良好感觉，从而使精神振奋。尤其是出入一些整洁豪华的公共场所，服饰得体，会使人增强自信心，避免自卑感的产生。

第二，是个人文明修养的外显化。服饰从某种程度上可理解为自我广告。服饰也是一种语言，它向人们宣告一个人的个性、审美情趣、文化品味、为人处世态度以及文明修养。服饰得体、总能给人以美感的人，往往也是文明修养程度较高的人。

第三，有利于个人尊严的维护。一个人走出去，总是希望别人能看得起自己，而别人是否看得起自己，往往在于自己的着装。一个人的着装往往向他人表明你对自己是怎样看的，也表明他人会如何看待你。着装不整洁、不得体的人会被人轻视，自爱自尊的人往往衣冠整洁得体，使人不由自主地对你以礼相待。

第四，能获得良好的第一印象。对初次见面的人，容貌服饰、言谈举止是第一印象产生的基本要素。在“以貌取人”的客观现实中，得体、美好的服饰打扮，可以使人产生较好的第一印象，从而有利于职业人员与各类人员交往，使工作进一步开展。

2. 职业服饰关系到组织的形象

第一，能反映出组织的实力和权威。在国外，一些政府机构和大公司对职员着装有明文规定或约定俗成的约束，如不允许穿短裤和不正规的服装上班，男士必须穿着挺括的西服、打着领带出入其间，女士服饰要高雅、端庄、规范，通过每个人着装这一小节来体现组织的实力和权威。

第二，强调组织的品味。社会组织千差万别，同一类组织也会有不同的档次和风格。有创意、形象意识较强的社会组织，为了突出自身的独特性或不流俗的品味，对职工着装有所引导或倡议，使职工的形象在某种程度上反映出组织的品位追求。

（二）职业服饰的要求

职业服饰的基本要求是整洁挺括、利落大方、典雅美观。

1. 服饰清洁的要求

（1）服饰清洁的重要性。服饰清洁是服饰美的基础，它既体现了职业人员的精神面貌、良好的卫生习惯，也反映了组织的管理水平和卫生状况，还能给服务对象以尊重感和安全感。

（2）职业服饰清洁的要求。衣裤无污垢、油渍、异味；尤其是领口、袖口要保持干净。

职业人员每天上岗前要检查制服上是否有菜汁、油渍、污垢，若发现不清洁，立即换洗。职业人员应多备一套制服，替换洗涤，清洁保管，以备急用。

2. 服饰整齐美观的要求

（1）制服要合身。注意四个长度适中，即衣袖长至手腕、衣长至虎口、裤长至脚面和裙长至膝盖；注意四围，即领围以插入一指大小为宜，上衣的胸围、腰围及裤裙的臀围以穿一套羊毛衣裤的松紧为宜。

（2）穿着要规范。内衣不能外露；不挽袖、卷裤；不漏、掉扣；领带、领结、飘带与衬衫领口的吻合要紧凑，不可系歪；工号牌要佩带在左胸的正上方；戴好岗位帽子和手套。

（3）制服要挺括、大方美观。衣裤均不起皱，烫平，裤线笔挺；穿后挂好，保持平整、挺括。制服的款式简练，穿着利落；线条自然流畅，便于接待服务；高雅、端庄。

（三）西装的穿着

西装是一种国际性的服装。一套合体的西装，可以使穿着者显得潇洒、精神、风度翩翩、极富魅力。职业人员尤其是管理人员的制服是西装的款式，如何穿着西装才符合礼仪规范是十分重要的。

1. 讲究规格

男士西装有二件套和三件套之分，穿着时必须整洁、笔挺。正式场合以穿同一面料、同一颜色的毛料套装为宜，内穿单色衬衫，系好领带，戴领夹，穿深色皮鞋。三件套西装，在正式场合不可脱下外衣。按国际惯例，西装里面不加毛背心或毛衣。在我国，至多也只能加一件“V”字领的毛衣，否则会显得十分臃肿，以致破坏西装的线条美。西装必须剪裁合身、颜色传统、质料高级。西装、衬衫、领带这三样中必须有两样是素色的。纯棉的白衬衫永远是主管人员最适当的选择。袜子的颜色必须比裤子更深。

2. 拆除商标

在西装上衣左边袖子的袖口处，通常会缝有一块商标。有时那里还缝有一块纯羊毛标志。在正式穿西装之前，切勿忘记将它们先行拆除。这种做法意味着对外宣告该套西装已被启用。

3. 穿好衬衫

衬衫领子要挺括，不可有污垢、油渍。衬衫的下摆要塞在裤腰里，系好领扣和袖扣。衬衫领口和衣袖要长于西装领口和袖口 1 ~ 2 厘米，以显示出穿着的层次。衬衫里面的内衣领和袖口不能外露，否则，显得不伦不类，很不得体。

4. 系好领带

西装驳领间的“V”字区最为显眼，领带处在这个部位的中心。系领带时领结要饱满，与衬衫领口吻合要紧凑。领带的长度以系好后大尖头垂到皮带扣处为最标准。西装穿着系纽扣时，领夹应系在衬衫第二粒与第三粒纽扣之间为宜；西装穿着敞开时，领夹系在第三粒与第四粒纽扣之间为好。

5. 系好纽扣

穿西装时，上衣纽扣的系法尤为讲究。站立时，西装上衣的纽扣应当系上，以示郑重其事。就座之后，西装上衣的纽扣则要揭开，以防其扭曲走样。唯独在内穿背心或羊毛衫而外穿单排扣西服上衣时才允许站立直接不系上上衣的纽扣。单排两粒扣西服讲究扣上不扣下，单排三粒扣可以只系中间的那粒纽扣，也可只系上面两粒。双排扣西服的纽扣一般全都要系上。

6. 衣袋使用

上衣两侧的衣袋只作装饰用，不可装物品，不然会使西装上衣变形。西装上衣左胸部的衣袋只可放折叠好的装饰手帕。票夹、名片夹和笔可放在上衣内侧的衣袋里，但不可装过多物品。裤袋亦不可装物，以求臀位合适，裤型美观。裤子后兜可装入手帕。

7. 熨烫平整

线条笔直的西装穿在身上美观而大方，显得平整而挺括。要定期对西装进行干洗，在每次正式穿上之前要进行认真的熨烫。千万不要疏于此点，脏兮兮、皱巴巴、美感全失的西装穿在身上定会惨不忍睹。

8. 皮鞋穿着

穿西装一定要穿皮鞋，不可穿旅游鞋、轻便鞋或布鞋，不可穿露脚的凉鞋，不可穿色彩鲜艳的花色袜子。

（四）工鞋、袜的穿着要求

（1）皮鞋应随时擦干净，上光打亮。破损的鞋子应及时修理。若需要穿着布鞋，同样要经常保持清洁。

（2）男职业人员的袜子颜色应与鞋的颜色和谐，一般是黑色，不可穿浅色或花色袜子。女职业人员应穿着与肤色相近的丝袜，要求袜口不可露在裤子或裙子外边。丝袜如有跳丝破损，要及时更换。

（五）工号牌佩戴要求

（1）工号牌是具体工作部门的标志。它体现了对服务对象的尊重，使其易辨认区分各个部门，以便取得应有的服务，满足其信任感。

（2）职业人员佩戴工号牌上岗是对自身职业的肯定和自豪，并能增强责任感和义务感。

(3) 工号牌应端正地佩戴在左胸上方。职业人员每天上岗前要自觉戴好。工号牌有损时要及时更换；岗位有变化时，也要及时更换。

(六) 特殊行业职业服饰穿着要求

(1) 职业服饰是为体现身份或者方便工作的服装，因此职业服饰只适宜在工作岗位上穿着，下班后应立即换上便装，不要穿着制服逛街、就餐、娱乐，尤其是公职人员更要注意。

(2) 美容、餐饮等对卫生要求较高行业的从业人员去公共厕所前也都应先换下工作制服。

(3) 不要穿着职业服饰到商场、车站这类人员密集的场所。

(4) 在商务场合不能穿着黑色皮裙。因为在外国，只有街头女郎才如此装扮。所以与外国人打交道时，尤其是出访欧美国家时，穿着黑色皮裙是绝对不可以的。

■ 相关链接

当你的穿着邋邋遢遢时，人们注意的是你的衣服；当你的穿着无懈可击时，人们注意的是你。穿着不仅是人们职业生涯的一种道具，更是通向成功之路的一张名片。

——可可·夏奈尔

如何选择领带

要打好领带，先要选好领带。选择领带，大体涉及面料、色彩、图案、款式等方面。

1. 面料

制作领带的最高档、最正宗的面料是真丝。除真丝之外，尼龙亦可制作领带，但其档次较低。以其他面料，如棉布、麻料、羊毛、皮革、塑料、纸张、珍珠等制作的领带，大多不适合在正式场合使用。

2. 色彩

从色彩上讲，领带有单色、多色之分。单色领带适用于公务活动和隆重的社交场合，并以蓝色、灰色、黑色、棕色、白色、紫红色最受欢迎。多色领带一般不应超过三种色彩，可用于各类场合。色彩过于艳丽的领带用途并不广泛，只有在非正式的社交、休闲时，使用它才不会为人非议。

3. 图案

用于正式场合的领带，其图案应规则、传统，最常见的有斜条、横条、竖条、圆点、方格以及规则的碎花，它们多有一定的寓意。印有人物、动物、植物、花卉、房屋、景观、怪异神秘图案的领带，仅适用于非正式的场合。印有广告、团体标识、家族徽记的领带，最好不要乱用。

4. 款式

领带的款式即其形状外观。一般来说，领带有宽窄之分，这主要受到时尚流行的左右。进行选择时，应注意最好使领带的宽度与自己身体的宽度成正比，不要反差过大。领带还有尖头与平头之别。前者下端为倒三角形，适用于各种场合，比较传统。后者下端为平头，比较时髦，多适用于非正式场合。

领带的打法分为平结、交叉结、双环结、温莎结、双交叉结、浪漫结、简式结、亚伯特王子结、四手结、十字结等。

■ 习题（案例分析）

郑伟是一家大型国有企业的总经理。有一次，他获悉有一家著名德国企业的董事长正在本市进行访问，并有寻求合作伙伴的意向。于是他想尽办法，请有关部门为双方牵线搭桥。让郑总经理欣喜若狂的是，对方也有兴趣同他的企业进行合作，而且希望尽快与他见面。到了双方会面的那一天，郑总经理对自己的形象刻意地进行了一番修饰，他根据自己对时尚的理解，上穿夹克衫，下穿牛仔裤，头戴棒球帽，足蹬旅游鞋。无疑，他希望自己能给对方留下精明强干、时尚新潮的印象。

然而事与愿违，郑总经理自我感觉良好的这一身时髦的“行头”，却偏偏坏了他的大事。

讨论题

1. 郑总经理的错误在哪里？
2. 德国同行对此会有何评价？

4. 装饰

讨论题

素质包括了**职业**人必备的思想、知识、技巧等素质。一个人在社会中扮演什么角色，环境中体现什么身份，都需要准确定位，然后根据要求设计自己的**仪态**、表情、行、**服饰**、谈吐以及待人接物的方法。职业形象塑造是一个综合的范畴，强调仪容仪言谈吐和行为举止的整体和谐，它要求职业者能够娴熟地掌握**社交礼仪**，通过语音、举止、姿势、动作等传递自信、昂扬、妩媚、潇洒、优雅等多种信息，形成有**文化**、有内涵的职业形象，以一定的、约定俗成的程序、方式来表现律己、敬人的过程。

心灵美和**仪表**美不是对立的，而是不可分割的，只有它们互为表里，相得益彰，才是完善的美。

第2章 大学生校园礼仪

■ 案例

“曾子避席”出自《孝经》，是一个非常著名的故事。曾子是孔子的弟子，有一次他在孔子身边侍坐，孔子就问他：“以前的圣贤之王有至高无上的德行，精要奥妙的理论，用来教导天下之人，人们就能和睦相处，君王和臣下之间也没有不满，你知道它们是什么吗?”曾子听了，明白老师孔子是要指点他最深刻的道理，于是立刻从坐着的席子上站起来，走到席子外面，恭恭敬敬地回答道：“我不够聪明，哪里能知道，还请老师把这些道理教给我。”在这里，“避席”是一种非常礼貌的行为，当曾子听到老师要向他传授时，他站起身来，走到席子外向老师请教，是为了表示他对老师的尊重。曾子懂礼貌的故事被后人传诵，很多人都向他学习。

■ 理论知识

知书达礼、待人以礼，应当是当代大学生的一个基本素养，大学生养成良好的礼仪规范，可以让他们明确地掌握符合社会主义道德要求的礼仪规范，并指导他们在实际生活中如何按照社交礼仪规范来约束自己的行为，真正做到“诚于中而行于外，慧于心而秀于言”。

一、大学生仪表行为礼仪

（1）衣着服饰要求朴素、大方、整洁；教学区域不着短裤、拖鞋、背心；女同学上衣有袖（包括短袖），着裙及膝，严肃、庄重场合不穿无袖外衣、背心、拖鞋等非正规服装，女同学穿丝袜不露袜头，不穿透亮衣服。

（2）面容洁净、端庄，不戴大耳环和其他夸张饰物，不烫发；女同学不浓妆艳抹，淡妆也要注意和谐；男同学胡须应剃刮干净，不戴戒指、项链等饰物，不留长发；在学校生活学习应佩戴校徽。不文眉，不文眼线，不涂指甲油，不文身，不当众化妆、补妆。

（3）站有站相，坐有坐姿，走有走态。站要胸挺、腰直，两腿自然分开同肩宽，脚平行或呈“T”形，双手自然下垂或交叉于腹前或交叉于背后。坐要躯直、平视，男生坐要双腿微分不超肩宽，双手掌心向下自然放于膝上；女生坐，着裙时先从后向前拢裙然后落座，双膝并、侧靠，右手自然搭左手面或交叉于膝上。行走时，不勾肩搭背，不左右摇晃，不喧笑打闹。

（4）正式场合，注意形象，不做摇身体、晃双脚、打呵欠、掏耳朵、挖鼻孔等不雅动作；在公共场所不勾肩搭背，不搂搂抱抱；在校园内不骑车带人，不骑快车；爱护公物，讲究卫生，不在校园内乱写、乱画、乱张贴。不践踏草坪，不随地吐痰，不乱扔废弃物。

（5）尊师重教，尊重老师的劳动，虚心向老师请教，见面主动向老师问好。

（6）孝敬父母，定时致电致信问候父母，节约父母的每一分钱，力所能及地分担父母的家庭负担。

（7）尊老爱幼，女士优先，礼让前辈。一般行走时，马路内侧、楼梯扶手应留给需礼让的人；在公共汽车上主动让位给老人、长辈、孕妇、抱婴儿的人和残疾人；上楼梯时，前辈、女士在前；下楼梯时，前辈、女士在后；进出电梯时，主动按开关，礼让前辈、女士先进出。

（8）遵守交通规则，有礼让精神，马路上不拉拉扯扯，不勾肩搭背，忌多人横挡马路和边吃边走。问路有礼貌，不管是否得到答案，都应主动感谢别人；回答别人的问路应热情主动，遇到自己无法解答的问题应礼貌致歉。

（9）登门拜访应事先约好，不可冒昧登访。进屋后应听从主人安排就坐，如未经主人同意，不可进入主人卧房或洗手间。对主人奉上的茶点应适当品用，并表示感谢。无论交谈多么愉快，都应在休息时间到来前自觉告辞。

二、大学生课堂礼仪

（1）课前，应准备好学习用品，包括本节课所需的课本、笔记本等。

（2）预备铃响，同学们应迅速进入教室安静端坐，静候老师上课。

（3）向老师问好时，态度要诚恳，眼睛看着老师，面带微笑，声音要清晰响亮。老师宣布上课时，同学们要起立致敬。

（4）迟到的同学进教室要喊“报告”，经老师批准后方能回座位听课。如果门关着，应轻叩门两下，待老师同意进教室后轻步由侧边走至座位处，并轻轻坐下。

（5）课堂上，坐姿要端正，注意力要集中，认真听讲，积极思维，勤记笔记，不随便讲话，不翻阅与本课无关的书籍。在进行小组合作讨论时，积极参与，不说闲话，保证课堂活而不乱。

（6）回答问题时，积极举手，发言时身体要立正，态度落落大方，声音清晰响亮。

（7）上课期间，坚决杜绝迟到、早退、旷课、睡觉、聊天、吃东西、发信息等与学习无关的事情，保持良好的课堂教学秩序。

（8）自觉遵守课堂、实验实训场地纪律，未经老师允许不得随意离开。因故暂时要离开，请向老师稍作说明。在违反纪律时，虚心接受老师的批评，不顶撞老师。

（9）听到下课铃响，待老师宣布下课、同学们致意后，再收拾东西下课，值日生要主动擦黑板，做好室内卫生。最后离开者要关灯、关窗、锁门。

（10）按时上课，不把食品、饮料带入教室，不在课桌凳上刻、画、写字，不在教室乱丢废纸等杂物，保持教室清洁卫生。

三、大学生尊师礼仪

（1）对老师要有礼貌，遇到老师主动打招呼，态度自然大方；虚心听取老师教诲，服从老师管理。

（2）进入老师办公室或宿舍应注意礼貌，先敲门，得到允许后方可进入。在办公室内不高声喧哗，不东张西望，不随意走动，不得随意翻动老师东西，不私自打开老师电脑或抽屉，用过东西要放回原处，见到来访老师应起立致意，离开时应礼貌地向老师道再见，出门后随手关门。

（3）与老师交谈时，要起立并主动给老师让座。

（4）老师到宿舍探望同学、检查工作时，同学应暂时放下自己正在干的事情，起立问好，主动让座，与老师交谈时不躺在床上（病号除外）。

四、大学生宿舍礼仪

（1）宿舍成员之间相互尊重人格、思想观念和行为习惯，互相团结帮助。尊重宿舍管理人员，积极配合宿舍管理员的工作。

（2）养成良好的个人卫生习惯，衣服、被褥、蚊帐、床单等定期清洗，室内墙壁不乱贴乱画，长期保持宿舍清洁。

(3) 维护宿舍公共卫生，不往楼下投掷物件、泼水，不往墙上踏脚印等。

(4) 自觉遵守宿舍管理规定，不在宿舍内大声喧哗、起哄闹事，严守作息制度，按时起床、按时就寝，不影响他人休息。

(5) 不在宿舍内大吵大闹，不在宿舍内喝酒吸烟、打架斗殴，不向窗外乱泼污水、乱扔废弃物。学生应该遵守宿舍统一的作息制度，不影响他人学习和休息。

(6) 增强防火防盗意识，注意关窗锁门，不私接电源和使用超功率的电器，不使用电热器、电褥及蜡烛、酒精炉、煤油炉等易燃易爆物品，确保人身财产安全。

(7) 讲究个人卫生，自觉整理好个人用具，保持清洁。不随地吐痰、乱扔果皮纸屑、乱倒剩饭剩菜；不在床下堆放杂物。保持宿舍的干净卫生，生活用品要按规定放置。

(8) 爱护宿舍公共财产，节约用水用电，离开宿舍要随手关灯。

(9) 未经他人同意不擅自翻动或取用他人物品，尊重他人隐私。

(10) 非经宿舍管理人员同意，男、女生不互串宿舍。不留宿非本宿舍的人员。

(11) 宿舍成员在客人到访时，应起立并热情招待，客人离去时应送至门口并致告别语。

(12) 到宿舍拜访应事先预约，到访时先敲门，经室内人员同意后方可进入宿舍。拜访时间不宜过长，谈话音量要小。

五、大学生餐厅礼仪

(1) 节约粮食，不剩饭菜。实在吃不完的饭菜应倒在指定地点，不能倒在地上、桌上。

(2) 文明就餐，排队打饭，不争先恐后、插队，不多占、抢占座位，不高声喧哗，注意谦让，使用礼貌用语。

(3) 维护食堂卫生，不随地吐痰，不乱扔杂物。

(4) 尊重食堂工作人员的劳动，不与工作人员争吵。

(5) 就餐姿势文雅，文明就餐。动作幅度要轻，如发生无意碰撞应互相主动道歉。

六、大学生图书馆礼仪

（1）进馆读者需讲文明懂礼貌，衣装整齐，不穿拖鞋入馆。

（2）自觉维护图书馆的学习秩序，保持安静，不窃窃私语，更不大声喧哗，不接打手机并将手机及其他电子产品设置为无声状态，不做与学习无关的事情。

（3）自觉维护馆内清洁卫生，不在馆内吃东西，不随地吐痰和乱扔废弃物。

（4）对于图书馆里的书刊、报纸，阅后应及时归位。

（5）爱护书刊资料，不在图书、杂志上乱写乱画。

（6）尊重图书馆工作人员，服从工作人员管理。

七、大学生电话礼仪

（1）音量适中，语气亲切、柔和，语言简明，节约时间。

（2）打电话时注意选择适当时间，通话时间不宜过长，一般 3～5 分钟为宜。如果谈话时间可能超过 5 分钟，应事先征求对方意见，对方如果不方便，应另外再约时间详谈。

（3）电话交谈注意语气适中，声调略高，尾音稍拖长，对别人在电话中的谈话要有反应，注意使用礼貌用语，重要事项或数字应做好笔录。

（4）如果手头正忙，不能和对方长谈，则可委婉地告诉对方等会儿再打或稍后回电话过去。

（5）如果电话找同学，同学正巧不在，接电话人要做好转达工作。

（6）挂电话时要注意礼貌。打电话的一方应先结束通话；通话完毕之后应让长者、上级、老师或女性先挂电话，以示尊敬。

（7）接打移动电话时，要注意遵守公德，勿碍他人。

八、大学生网络礼仪

（1）倡导网络文明和网络道德，不造谣惑众。

（2）认真学习网上知识，不浏览不良网站和信息，少玩网络游戏，少看电影。

（3）在网上不侮辱、欺诈他人，不进行人身攻击，不盗用他人网络账号。

（4）增强自我保护意识，不随意约会网友。

（5）不传播不健康的信息，不传播计算机病毒等破坏性程序。

（6）遵守机房工作制度，按照机房工作时间上机。

九、大学生交往礼仪

1. 自我介绍礼仪

自我介绍要简洁，内容包括姓名、系别、年级、专业、班级。自我介绍时，表情大方自然，表现出友好、自信和善解人意。

2. 握手礼仪

学生见到老师、领导时，应当先行问候，待后者伸出手来之后，再向前握手。握手时需眼睛注视对方，面带微笑，自然大方。

3. 问候礼仪

问候的表情应当有亲和力，面带微笑，态度自然大方；对于出自善意的任何问候，都应礼貌回答，而不应当毫无表示。表示问候之意，通常在各种场合用语言、举手、点头、欠身等方式向相识的人打招呼。

4. 交谈礼仪

交谈时注意运用礼貌用语，语言表达准确明了，语调亲切，语速适中。精神饱满，表情自然，认真聆听，积极反馈，不轻易打断别人。

十、大学生集会礼仪

（1）参加会议、听报告要按规定时间提前到达，整队入场，按指定地点就座，保持安静，会中不早退，不随便进出。当领导、来宾到来时，须起立鼓掌欢迎。会议结束后请领导、来宾、老师先退场。

（2）参加报告会时，带好笔和笔记本，认真听发言者的讲话，并适当做好记录。在发言者上台讲话前后，应报以热烈掌声，不起哄、不喊叫。

（3）关闭通信工具或调至震动状态，演出进行中不交谈、不打电话，保持安静。

（4）文艺演出未完一般不中途离场，如有急事，应在节目间隔中离开。

（5）有序离场，不乱扔废纸等杂物。

十一、大学生运动礼仪

（1）积极参加各项体育运动，爱护运动设施。

（2）友谊第一，比赛第二，运动时发生碰撞、摩擦应互相谅解。

（3）观看体育比赛时，尊重双方运动员、教练员，不喝倒彩。

（4）比赛时，遵守比赛规则，尊重对手，服从裁判员的裁决。

相关链接

在一场激烈的战斗中，上尉忽然发现一架敌机向阵地俯冲下来。照常理，发现敌机俯冲时要毫不犹豫地卧倒。可上尉并没有立刻卧倒，他发现离他四五米远的地方有一个小战士还站在那儿。他顾不上多想，一个鱼跃飞身将小战士紧紧地压在了身下。此时一声巨响，飞溅起来的泥土纷纷落在他们的身上。上尉拍拍身上的尘土，回头一看，顿时惊呆了：刚才自己所处的那个位置被炸成了一个大坑。故事中的小战士是幸运的，但更加幸运的是上尉，因为他在帮助别人的同时也帮助了自己。在人生道路上，我们肯定会遇到许许多多的困难。但我们是不是都知道，在前进的道路上，搬开别人的绊脚石，有时恰恰是在为自己铺路。

习题（案例分析）

一、在一次讲座上，老师正在台上讲得眉飞色舞，突然学生中间传出了“汪、汪、汪”的狗叫声，老师惊诧地问：“谁带小狗上课了？”同学们哄堂大笑：“老师，这是最新的手机铃声。”

讨论题

这位同学在使用手机上存在什么礼仪问题？

二、电话

A：请问王老师在吗？

王老师：我是王老师，请问您是哪位？

A：王老师，您猜呢？

王老师：是李华吗？

A：不是！

王老师：是刘霞吗？

A：不是！老师您都忘了我的声音了。

讨论题

打电话者采用的方式是否合适？存在什么问题？

素质包括了**职业**人必备的思想、知识、技巧等素质。一个人在社会中扮演什么角色，环境中体现什么身份，都需要准确定位，然后根据要求设计自己的**仪态**、表情、行、**服饰**、谈吐以及待人接物的方法。职业形象塑造是一个综合的范畴，强调仪容仪言谈吐和行为举止的整体和谐，它要求职业者能够娴熟地掌握**社交礼仪**，通过语音、举止、姿势、动作等传递自信、昂扬、妩媚、潇洒、优雅等多种信息，形成有**文化**、有内涵的职业形象，以一定的、约定俗成的程序、方式来表现律己、敬人的过程。

心灵美和**仪表**美不是对立的，而是不可分割的，只有它们互为表里，相得益彰，才是完善的美。

第3章 求职就业礼仪

第1节　求职准备阶段礼仪

■ 案例

小霍刚毕业时，并没有像许多同学那样急于找工作，而是先选定了目标职业，再从网上和图书馆里广泛收集与该职业相关的资料，并对该职业进行了深入的了解和考察，感到胸有成竹以后，才进入实质性的求职阶段。在求职的过程中，小霍所写的简历语言幽默风趣，极有创意，十分符合职业特色，而其他各方面的个人资料都是用以证明他自己是最适合目标职业的。由于他的求职资料针对性强，对所应聘职业有全面、深刻的了解，所提出的见解十分独到，因此，有三家公司竞相希望小霍能成为他们公司的一员。面试之前未雨绸缪，事先了解哪些工作适合你的技能和兴趣非常重要。要明确你选择工作的动机，明确所聘岗位对技能、培训以及相关证书的要求。如果可能的话，在面谈前，采用各种方法事先对应聘单位进行详尽了解也是十分必要的。

■ 理论知识

美国职业学家罗尔斯说："求职成功是一门高深的学问。"心理学家奥里欧文也说："大多数人录用的是有礼节的人，而不是最能干的人。"大学生在面试中表现出的礼仪水平，不仅反映出大学生的人品和修养，而且直接影响面试官的最终决定。在面试中，一个仪表出众、彬彬有礼的大学生，较其他人有更大的成功机会。

一、求职前的准备

很多人事业上发展不顺利不是因为能力不够，而是因为选择了并不适合自己的工作。有些人把时间用在追逐不是自己真正适合的工作上，随着竞争的加剧，他们就会感觉后劲不足。大学生在严峻的就业压力下，往往会在求职就业中出现定位不准、求职盲目、目标不明、情报短缺等问题，求职前的准备工作及相关礼仪就显得尤为重要。

（一）自我定位

大学生在求职之前，要充分了解自己的兴趣、爱好、特长、优点和缺点。通过个性特点的测试，了解自己的职业锚。

（二）信息准备

大学生在求职之前，要通过“全方位的收集法、方向定位收集法、区域定位收集法”等信息收集方法，对应试或求职单位公司进行详细的先期了解，并且筛选有用的信息，运用到自己身上，做到知己知彼，百战不殆。

（三）求职材料礼仪

1. 外观整洁，款式大方

求职材料要说明求职者的身份、学业资历、工作经验、特长爱好等。为达到引起对方注意的目的，求职材料必须做到简洁大方。

2. 字体清楚工整

求职材料的字体一定要工整，不要模糊不清。文字要潇洒大方，字体大小要合理，四周空白、行间距适度，不可过于拥挤，切忌杂乱无章。

3. 小心谨慎，精心安排

求职材料首先要确保无错别字及标点符号错误，否则会给人以粗心大意、工作不踏实、马虎、缺乏诚意、不尊重人的感觉。

4. 表述真诚，语句精练

求职材料要以真诚朴实见长，严禁卖弄文采，要尽量使用简短精练的词语和句子，避免繁杂冗长。

5. 牢记招聘单位的地址和名称

求职材料一般是寄达招聘单位的，经过筛选后，招聘单位会通知你是否进入面试，因此一定要弄清楚自己曾经投递简历的单位名称和地址，这就像人与人交往一定要牢记姓名一样，只有这样才能显示出你对招聘方的尊重，为此，应聘者应做到：

（1）投递求职材料时，信封上的单位名称、地址要写准确，不要写简称，不可涂改，不可有错别字。

（2）整理一下自己曾经投递材料的单位名称和地址。

■ 相关链接

A对B说："我要离开这个公司。我恨这个公司！"B建议道："我举双手赞成你报复！破公司一定要给它点颜色看看。不过你现在离开，还不是最好的时机。"A问："为什么？"B说："如果你现在走，公司的损失并不大。你应该趁着在公司的机会，拼命去为自己拉一些客户，成为公司独当一面的人物，然后带着这些客户突然离开公司，这样公司才会受到重大损失，非常被动。"A觉得B说得非常在理。于是努力工作，事遂所愿，半年多的努力工作后，他赢了许多忠实客户。再见面时B问A："现在是时机了，要跳赶快行动哦！"A淡然笑道："老总跟我长谈过，准备升我做总经理助理，我暂时没有离开的打算了。"

其实这也正是B的初衷。一个人的工作，永远不只是为自己的简历添一笔。只有付出大于得到，让老板真正看到你的能力大于位置，才会给你更多的机会替他创造更多利润。

■ 习题

小王，会计和国际贸易双学历大专生，毕业时，考虑到专业对口，自身英语基础不错，加上中国入世，外贸行业前景看好，选择了做外销员。小王先后做了几家公司的外销员，但每次均是试用期内用人单位就中止了与他的合同。所以，虽然毕业两年多了，可累计工作时间还不超过半年。当小王由父亲陪着再次来到人才交流中心时，引起了交流中心顾老师的注意。他经过观察和与小王进一步沟通发现，小王性格比较内向，不善于表达自己的想法，人际交往能力较差，显得缺乏信心，但对数字比较敏感，办事细心，于是顾老师就推荐了一些统计和出纳方面的岗位让小王去面试。小王经过仔细权衡，接受了顾老师的建议。不久，就有一家公司录用了他，担任"计划统计"一职。小王很快适应了新的工作，做起来得心应手，感觉也相当轻松舒畅。目前，小王已顺利度过了试用期，并得到了用人单位的肯定。

讨论题

小王求职失败与成功的原因是什么？

第2节　求职面试礼仪

■ 案例

曾有一名女生因穿着超短裙参加招聘面试惨败而归。主考官这样评价她："如果她有职业水准的话，就不会那样做，虽然未必在工作的时候一定要穿得非常正式，但面试时的标准应该提高。"

在某外企的一次招聘会上，一位能力很强的应聘者表现出的素质，让面试官大跌眼镜。面试前，众考官一致看好一位叫刘涛的应聘者，此人硕士学历，动手能力很强，长相也出众，是众考官私下议论的"种子选手"。果然，在与外籍考官的对话中，刘涛用流利的英语展现了自己的实力，也让其余考官频频点头。可是，谈到一半时，他的手机响了，此时，他连句歉意的话都没说，就起身出去接电话。返回时，他还对一旁面露诧异神情的考官潇洒地说了一句"你可以继续"。不懂得尊重别人的刘涛，虽然能力相当突出，但最终仍被企业淘汰。他不是败在专业技能上，而是败在礼仪修养上。

■ 理论知识

面试是决定大学生求职成功与否的决定性因素。面试礼仪是每个人在求职的过程中所表现出的由里到外的一种涵养，外表的礼仪是对招聘单位和招聘人员最起码的尊重。如果我们以高雅的仪表风度、完善的语言艺术、良好的个人形象，展示自己的气质修养，必将赢得企业的尊重，获得更多的就业机会。关于"面试的时候应该穿什么"的问题，负责招聘人员的答案几乎是一致的："穿适合该行业和该职业的服装参加面试。"

从面试中看工作态度。某家公司的总裁曾经说过："我希望看到对方比较认真地付出努力，因为那是一种针对工作的负责态度。如果有人申请我公司的职位，却不屑于在第一次表现出他们最好的一面，那么他们肯定不会在任职期间做到最好。"在面试的有限时间里把握每一个细微的言行，展现出最好的一面，才能为面试赢得成功的机会。

一、大学生面试时要遵守的基本礼仪原则

尊重原则、遵守原则、适度原则、自律原则。

二、求职形象礼仪

1. 发型

发型是服装最好的搭配，求职时，头发切忌遮住整个前额，除非为了掩饰某种生理缺陷，否则最好刘海上翻或不留刘海；另外靠近发际部分的头发造型应朝斜后方微微隆起，以便露出整个面部轮廓。尤其是男性求职者，切不可勾眉搭眼，长发过耳，这种形象容易给人以精神萎靡的印象。女性或长发披肩，或短发齐耳，总之要给人以端庄、典雅的自然美感。求职要讲究发型与整体形象的和谐，更要体现朝气蓬勃的精神风貌。一定要记住头发的整洁远比发型更重要。头发干净整洁，无汗味，没头屑，不要使用太多发胶。

2. 首饰配件

总的来说，平时不戴首饰的人，在面试时也最好不戴，要知道简单就是品味。

男大学生面试当天千万不能打扮过头，佩戴镶宝石的领带夹、闪亮的袖扣、造型夸张的眼镜或手表、耳环等引人注目的配件都是不合时宜的。

女大学生如果佩戴首饰，在面试时也应选择秀气、高雅的首饰来佩戴，千万不可佩戴贵重的珠宝。在佩戴时，也要注意不让首饰发出声音。

3. 着装

求职装没有刻板的模式，总的要求是美观大方，使不同层次的人都能欣赏接纳，所以着装既要避免大众化特征，又要避免流俗。首先必须整洁。整洁意味着你重视这份工作，重视这个单位，也重视你今后代表的这个企业形象，要挑选洗得干净而且熨烫平整的衣服。其次应当简洁大方。尽可能抛弃各种装饰，如多层花边，色块拼装，刺绣工艺等。如果工作的专业性强或职位较高，在色彩上也应慎重，太夺目的色彩和太花哨的纹样表明你不够稳重。要避免前卫大胆的装束，即使炎热的夏天也不能穿得太露太透；不要选择闪光的涂层面料；如果申请管理性质的工作，男生面试时最好带一个公文包，千万别把女性味十足的手袋带上。

一双干净的鞋子会为你增光不少。

男生鞋子体现稳健最好，运动鞋、布鞋、凉鞋与西服是不兼容的。袜子一般要和裤子的颜色相适合，不妨选择黑色或者深色，袜子要有一定的长度，长到在你坐下或者交叉两腿时不露出腿为宜。

女生的鞋要和衣裤相适应，尽量不穿运动鞋或露趾凉鞋。不要穿鞋跟太高太细的鞋，长统靴和带扣的鞋也会显得不合时宜。如果有鞋掌，最好选择塑料质地，金属质地的鞋掌会使你的脚步声如同马蹄声，效果很不好。

三、求职行为礼仪

1. 务必要遵守时间

在面试阶段，无论任何情况都不要迟到，最好能够提前10分钟到达面试地点。因为在时间上，既能够显示出你做事情的感觉和意识，也能够表明你对本次应聘活动是不是足够重视。

2. 动作要自然，语言要得体

走进房间的时候自己的名字被喊到，就有力地答一声“是”，然后再进门。如果门关着的话，就要以里面听得见的力度敲门，听到回复后再进去。开门关门尽量要轻，向招聘方各位行过礼之后，清楚地说出自己的名字。进门主动问好，在没有听到“请坐”之前，绝对不可以坐下，从门口走进来的时候，也要挺起胸膛堂堂正正地走。坐下时也不要在椅沿上轻坐，坐满椅子的三分之二，保持轻松自如的姿势。进出门时要学会反手关门，不要把自己的屁股对着考官。

3. 态度不卑不亢，大方而不失恭敬

落座之前询问是否是指定位置，最好随身携带笔和本子，因为有时面试官会抛出一串问题，简要记录能帮助你有条理地回答出每个问题。

微笑是面试时的一个法宝。淡定自若不仅显示你的自信，也传达了你的友善。笑是无声的语言，是人与人之间沟通的好方法。会心而善良真诚的笑意，会使你的脸庞更加美好，显得更亲切。微笑会使面试官对你友善，而友善则是面试成功的最好条件之一。假如你在面试时自始至终板起一副脸孔，显得冷若冰霜，面试官怎么可能会对你产生一种亲切感呢？

4. 视线处理

说话时不要低头，要看着对方的眼睛或眉间，不要回避视线。不要一味直勾勾地盯着对方的眼睛，这样也会让人觉得突兀。做出具体答复前，可以把视线投在对方背景上，如墙上，约两三秒钟做思考，不宜过长，开口回答问题时，应该把视线收回来。

5. 面试前五分钟

最后检查一下仪表，需不需要补妆，看看发型有没有乱，口红及齿间有没有杂物等，用小镜子照一下。在感觉一切准备就绪的状态下，才能从容地接受公司的面试。

四、交谈礼仪

1. 说普通话

说一口标准且流利的普通话，把握好语言的音色、力度、节奏，能给面试官留下良好的第一印象，表现出自身优秀的职业素质。此外，这也是职业人思维能力、自信心和沟通能力的体现。

2. 恰当地介绍自己

介绍自己的时候一定要用很客观的语言，力争能够得到对方最大限度的认同。这个时候不是你夸大或者谦虚的时候，任何一点的夸大和谦虚都会使自己的介绍变了味道。很坦然地介绍自己的优势在哪里，自己的特长是什么就可以了，不要用过多的形容词，要知道，这些面试官见过无数的“考生”，他们太了解实际的情况了，况且，自己用实在的语言去交流，也会比较好地发挥，不会害怕自己说走了嘴之类的尴尬情况出现。

3. 要集中注意力

无论谈话投机与否，或者对方有其他的活动，如暂时处理一下文件，接个电话等，你都不要因此分散注意力。不要四处看，显出似听非听的样子。如果你对对方的提问漫不经心，言辞空洞，或是随便解释某种现象，轻率下断语，借以表现自己的高明，或是连珠炮似的发问，让对方觉得你过分热心和要求太高，以至于难以对付，这都容易破坏交谈，是不好的交谈习惯。

4. 要善于倾听

任何人都希望别人重视自己，面试官也不例外。面试官可能会与你聊聊未来的打算之类的话题，这个时候，你首先要有耐心，不管对方讲什么话题，自己都要耐着性子认真地听。其次要细心，要能够听出对方的“言外之意”。再次就是专心，要明白对方讲的任何一句话的意思，这样才能够表现出自己的谦虚谨慎。

5. 要坦诚作答

在面试时，常会遇到一些不熟悉，曾经熟悉现在竟忘记或根本不懂的问题。面临这种情况，默不作声、回避问题是失策；牵强附会、“强不知为知之”更是拙劣；知之为知之，不知为不知，坦率承认方为上策。

6. 要学会感谢

面试结束后要真诚地对面试官表达谢意。

五、面试时不容忽视的一些细节

1. 与旁人唠叨是禁忌

在接待室恰巧遇到朋友或熟人，就旁若无人地大声说话或笑闹，对刚才面试的过程大肆渲染，往往在这种情况下，你的所作所为都会尽收面试官的眼底。

2. 口香糖、香烟要三思

走进公司的时候，口香糖和香烟最好都收起来，因为大多数的面试官都无法忍受你边面试边嚼口香糖或吸烟。

3. 对所有的人以礼相待

有些应聘者对面试官彬彬有礼，走出门却对普通员工或其他工作人员傲慢无礼。不要忘记，进入公司的瞬间，就要接受所有人的面试，公司里的每个人都是你的面试官。

4. 带足简历

参加招聘会应该准备足够的简历等求职材料，避免捉襟见肘的尴尬。但是，也不要一次提交大量的求职材料，比如成绩单、身份证等复印件。招聘公司在招聘会上会收到雪片一样飞来的求职材料，如果提交大量材料，无法突出重点，反而无法引起注意。而只提供制作精良的中英文简历，简洁大方，方便现场招聘者了解你的特点，也能显出你的机敏和营销能力。如果是纯中资机构的招聘单位，你甚至不必递上英文简历，更没必要附上通用的求职信。求职信只有在量身定做的基础上才能发挥简历起不到的作用。

5. 查询结果

一般来说，你如果在面试两周后或主考官许诺的通知时间到了，还没有收到对方的答复时，就应该写信或打电话给招聘单位或主考官，询问是否已作出了决定，以便重新作准备。

6. 不应失态

既然是面试，就不要与家人、恋人在招聘会上表现得过于亲密，否则会显得很不独立、很不职业。

7. 面试失败不气馁

一次面试只是经验的积累，成功与否并不绝对重要，重要的是能否从失败中吸取经验。面试失败不能失态，有时候坦然面对失败，反而会赢得别人的尊敬。

■ 相关链接

法国一个偏僻的小镇，据传有一眼特别灵验的水泉，常会出现神迹，可以医治各种疾病。有一天，一个拄着拐杖，少了一条腿的退伍军人，一跛一跛地走过镇上的马路，旁边的镇民带着同情的口吻说："可怜的家伙，难道他要向上帝祈求再有一条腿吗?"这一句话被退伍的军人听到了，他转过身对他们说："我不是要向上帝祈求有一条新的腿，而是要祈求他帮助我，教我没有一条腿后，也知道如何过日子。"试想：学习为所失去的感恩，也接纳失去的事实，不管人生的得与失，总是要让自己的生命充满了亮丽与光彩，不再为过去掉泪，努力地活出自己的生命。

■ 习题

一、案例分析

（一）一位先生要雇一个没带任何介绍信的小伙子到他的办公室做事，先生的朋友挺奇怪。先生说："其实，他带来了不止一封介绍信。你看，他在进门前先蹭掉脚上的泥土，进门后又先脱帽，随手关上了门，这说明他很懂礼貌，做事很仔细；当看到那位残疾老人时，他立即起身让座，这表明他心地善良，知道体贴别人；那本书是我故意放在地上的，所有的应试者都不屑一顾，只有他俯身捡起，放在桌上；当我和他交谈时，我发现他衣着整洁，头发梳得整整齐齐，指甲修得干干净净，谈吐温文尔雅，思维十分敏捷。怎么，难道你不认为这些细节是极好的介绍信吗？”

讨论题

1. 本案例对你有哪些启示？
2. 你已经拥有哪些“介绍信”了呢？
3. 反省自身一天的言谈举止，看看有哪些细节被忽略了？并请注意及时改进。

（二）这是中国某著名高等学府学生的一个应聘过程案例。此同学应聘企业管理岗位，聘者不小心把应聘者的简历放在了市场营销类里了，下面是聘者与应聘者的一段对话。

应聘者：杨先生，我应聘企业管理岗位，但怎么被安排到市场营销部门这里面试？

聘　者：啊，真对不起，是我的疏忽，把你的简历放错了。那么，我想问你，你应聘企业管理的哪个岗位？

应聘者：办公室管理或者行政管理，你看怎么样？

聘　者：请问你了解办公室工作或行政工作吗？

应聘者：行政工作就是进行企业管理工作，请问咱们公司的办公室的工作都有哪些方面的内容？

聘　者：办公室工作细密琐碎，主要是为各部门和员工服务的一个部门，很辛苦，当然还不一定显成绩，你觉得你愿意从事这样的工作吗？

应聘者：那么，你们公司市场营销的工作怎么样？我可以试一试吗？

聘　者：你觉得你从事市场营销工作有什么优势吗？

应聘者：我善于交往，善于处理各种人际关系。我的演讲才能也不错，你也许能从我的交谈中感觉出来。再者，我的学习能力十分强，这是知识经济时代中人才竞争的本质。

聘　者：那么，请你告诉我什么叫市场营销？

应聘者：市场营销比销售大一些，市场营销还要管到研究、开发、生产、销售等方面。

聘　者：还有吗？

应聘者：市场营销比销售高级一些。

聘　者：你能告诉我市场营销的“4P 战略”是什么吗？并告诉我 4P 的英文。

应聘者：产品 Products、渠道 Place、价格 Price、推销……

聘　者：你能告诉我们市场营销与推销的出发点有何不同吗？

应聘者：推销是往外出卖产品，而市场营销是有组织有计划地销售自己的产品。

聘　者：NO，很抱歉，我不能给你机会，因为你出错的地方太多了。

应聘者：您能不能再问一些问题，跟我再谈一谈？

聘　者：NO！

讨论题

1. 应聘的时候应注意哪些问题？
2. 上例当中应聘者失误在哪些方面？

二、分析下面几句面试应答的错误

1. “我原来那个单位的人际环境太差了，小人太多，没法与他们相处。”
2. “现在已有多家公司表示要我，所以请你们务必于这个月底之前答复我。”
3. “我毕业于名牌大学，学的又是热门专业，我是一个杰出的人才，我想实现我远大的理想和宏伟的抱负。”
4. “我很想知道我如果到你们公司，每个月会挣多少钱？”

第 3 节　面试后续礼仪

■ **案例**

一家日资公司公关部打算招聘一名职员，经过几轮面试，最后剩下了

5 名面试者。公司通知这 5 人，聘用谁得日方经理层会议讨论后方能决定。几天后，其中一名女士的电子邮箱里收到了一封邮件，信是公司人事部发来的，内容是："经过公司研究决定，你落聘了，但是我们欣赏你的学识、气质，公司以后若有招聘名额，必会优先通知你。你所提交的材料将录入电脑存档，不日将邮寄返还于你。另外，为感谢你对本公司的信任，随信寄上本公司产品优惠券一张。"这位女士得知自己落聘了，自然十分伤心，但又被外资企业的诚意所感动，给那家公司发了一封简短的感谢信。两个星期后，她接到那家公司打来的电话，说经过日方经理层会议讨论，她已被正式录用了。后来她才明白，这是公司的一道考题。

■ 理论知识

面试结束后，千万不要以为万事大吉了，面试后的消极等待是不对的。作为求职者，应该感谢面试官为你安排的这次面试机会，给面试官寄上一封感谢信或是感谢卡，这些信件将起到非同一般的作用。

一、感谢

为了加深招聘人员对你的印象，增加求职成功的可能性，面试后两天内，你最好给招聘人员打个电话或写封信表示谢意。感谢电话要简短，最好不要超过 5 分钟。感谢信要简洁，最好不超过一页。感谢信的开头应提及你的姓名及简单情况。然后提及面试时间，并对招聘人员表示感谢。感谢信的中间部分要重申你对该公司、该职位的兴趣，增加些对求职成功有用的事实内容，尽量修正你可能留给招聘人员的不良印象。感谢信的结尾可以表示你对自己的素质能符合公司要求的信心，主动提供更多的材料，或表示希望能有机会为公司的发展壮大作出贡献。

面试后表示感谢是十分重要的，因为这不仅是礼貌之举，也会使主考官司在作决定之时对你有印象。据调查，十个求职者往往有九个人不回感谢信，你如果没有忽略这个环节，则显得"鹤立鸡群"，格外突出，说不定会使对方改变初衷。

二、不要过早打听面试结果

在一般情况下，考官组每天面试结束后，都要进行讨论和投票，然后送人事部门汇总，最后确定录用人选，可能要等3～5天。求职者在这段时间内一定要耐心等候消息，不要过早打听面试结果。

三、收拾心情

如果你向几家公司求职，则必须收拾心情，全身心投入第二家的面试，因为，未有聘书之前，仍未算成功，你不应放弃其他机会。

四、查询结果

一般来说，你如果在面试两周后或主考官许诺的通知时间到了，还没有收到对方的答复时，就应该写信或打电话给招聘单位或主考官，询问是否已作出了决定。应聘中不可能个个都是成功者，万一你在竞争中失败了，也不要气馁。这一次失败了，还有下一次，就业机会不止一个，关键是必须总结经验教训，找出失败的原因，并针对这些不足重新作准备，“吃一堑，长一智”，谋求“东山再起”。

■ 相关链接

曾经有个小国的人到中国来，进贡了三个一模一样的金人，金碧辉煌，把皇帝高兴坏了。可是这小国的人不厚道，同时出一道题目：这三个金人哪个最有价值？皇帝想了许多的办法，请来珠宝匠检查，称重量，看做工，都是一模一样的。怎么办？使者还等着回去汇报呢。泱泱大国，不会连这个小事都不懂吧？最后，有一位退位的老臣说他知道答案。皇帝将使者请到大殿，老臣胸有成足地拿出三根稻草插入三个金人的耳朵。插入第一个金人的耳朵里，这稻草从另一边耳朵出来了；第二个金人的稻草从嘴巴里直接掉出来；而第三个金人，稻草进去后掉进了肚子，什么响动也没有。老臣说：“第三个金人最有价值！”使者默默无语，答案正确。

这个故事告诉我们，最有价值的人，不一定是最能说的人。老天给我们两只耳朵一张嘴巴，本来就是让我们多听少说的。善于倾听，才是成熟的人最基本的素质。

■ 习题（案例分析）

小关在整个面试过程中，都感到主考官对自己的表现十分满意。可到了该说再见的时候，主考官只是点点头，面无表情地说："你可以走了。"没看到微笑，小关心想也许出问题了！但面试已经结束，即使有问题也无挽回的可能。于是，小关站起来朝门口走去，正准备开门时，又返身出于礼貌地朝考官们鞠了一躬说："谢谢！"然后轻轻关上了门。半个月后，他被录取了。事后，担任面试主考官的领导见到小关时，笑着说："我记得你，那天我们接待了5名应聘者，你是唯一向我们鞠躬，并且关门时显得那么有礼貌的人！"此时的主考官脸上满是和蔼的笑容："我们是服务行业，不论客户的态度怎么样，我们都应展示出我们最好的形象！"

讨论题

1. 小关靠什么赢得了就业岗位？
2. 你从本案例中得到了哪些启示？

第4节　求职攻关礼仪

■ 案例

小关在整个面试过程中，都感到主考官对自己的表现十分满意。可到了该说再见的时候，主考官只是点点头，面无表情地说："你可以走了。"没看到微笑，小关心想也许出问题了！但面试已经结束，即使有问题也无挽回的可能。于是，小关站起来朝门口走去，正准备开门时，又返身出于礼貌地朝考官们鞠了一躬说："谢谢！"然后轻轻关上了门。半个月后，他被录取了。事后，担任面试主考官的领导见到小关时，笑着说："我记得你，那天我们接待了5名应聘者，你是唯一向我们鞠躬，并且关门时显得那么有礼貌的人！"此时的主考官脸上满是和蔼的笑容："我们是服务行业，不论客户的态度怎么样，我们都应展示出我们最好的形象！"

■ 理论知识

除了做好简历等重要的求职准备，大三的应届毕业生求职，还要注意以下五个方面的细节。

一、天天练化妆

几乎没有任何一个企业会在招聘启事上说明“此职位要求相貌端庄”，但是，100%的企业都把“相貌端庄”作为第一招聘条件。招聘单位把应聘者的外表作为审核标准，原因有以下几个方面。

（1）你代表的是企业形象。

（2）绝大部分工作需要和人打交道。

（3）女人会化妆，男人会穿衣往往暗示着他/她的两大优点：心灵、手巧。

（4）敢于隆重装扮自己的人，比永远打扮灰暗的人自信得多。

（5）打扮隆重，自然代表着该应聘者对职位的热忱度。

从以上这些原因我们可以看出，招聘单位强调的是着装打扮的品位。

二、次次改简历

要想让简历为自己争取到面试的机会，要为自己准备不同版本的简历，不可千人一面，盲目海投。

每一份简历，都要根据所申请职位度身制作，在每一份简历上，都要出现应聘单位的名字或者产品。如将招聘单位的企业标语复制到自己简历的页眉上，或在简历的页脚简单描述自己对其产品和服务的认知，你的成功概率都会立刻增加。

即使你是在人头汹涌的招聘会现场，你也可以快速浏览一下招聘企业的宣传板，挑选一两句能够和你简历结合的信息，手写在简历的页眉或页脚。例如，“本人打字是XX公司要求的两倍：60字/分钟，希望有机会为您打字！”若想增加成功的概率，记住，要次次修改简历！

三、周周发 E-mail

所谓周周发E-mail，是指你把自己的求职情况每周向自己的“人脉网”做一个汇报。能够有资格做你“人脉”的人，往往是非常繁忙的专业人士，如果你不找他，他很难有时间想起你的事情来。在E-mail里，别忘了叮嘱一句，告诉人家绝对不需要特意回复自己的邮件。年长的人们在后辈的“挣扎”中会感受到自己的成功与快乐，并且乐于在可能的情况下施以援手以更深刻地体会到快乐。

四、找好亲密战友

求职道路上的亲密战友有两类人：一类是你所积累的人脉资源；还有一类就是和你一起并肩战斗的也在找工作的人。

年级比你高的校友都是你的人脉资源。很多大公司为鼓励员工推荐优秀人才来就职，都设立了明文的物质激励条款，比方说耐克公司对介绍自己朋友来任职的员工奖励一双耐克鞋，新东方对优秀教师的推荐人奖励1000元！大一的时候，如果你和大二、大三的学生建立友谊，他们就是你就业时的宝贵资源！

第二类亲密战友，是和你一起找工作的同学。和最要好的同学组成求职小组，你会得到很多很多好处：① 分头查找职位资讯；② 分头研究招聘单位与岗位；③ 模拟面试。

面试者应该学会和同去面试的看上去比较有竞争力的候选人互换联系方式。面试一般都会有几轮，多认识几个共同作战的人，可以在几轮面试中互相打探消息，互相帮助。在你和对方的竞争已经无可避免的情况下，与其对竞争对手不理不睬，不如互相帮助，共同向未来的面试发起冲击。

五、备好五个行头

求职必备的五个行头是：一个“健康专业”的 E-mail 地址、一个稳定的几年不变的电话号码、一身三件套的套装、一只公文包和一个求职笔记本。

健康的 E-mail 地址是一个规规矩矩的、能用上一辈子的地址。个性化太强的 E-mail、男欢女爱的 E-mail、卡通味道太浓的 E-mail，都不适合求职。一个稳定的几年不变的手机号码，让任何一个老朋友、老客户都能找到你，每一个电话也许都是机会。一身三件套的套装是极其必要的。穿上一套可以把外套脱下来的三件套装，对付冷热全不怕。一只公文包会使你显得很职业。你还必须准备一个求职笔记本，每天把自己每一个求职步骤记录其中，当你记满半本的时候，好的录取通知自然就来了。曾经有一位毕业生，在面试的时候把求职笔记本摆在桌面上，引起了面试官极其浓厚的兴趣。两个人在一个小时的时间里，回顾了求职者在三个月之内的所有求职经历。这位求职者展示了自己在失败之后如何总结教训，如何不气馁，如何“咬定青山不放松”一定要做市场推广等，面试官在唏嘘之余感受到了求职者的“有心”，直接痛快地给了他口头录取通知。

■ 相关链接

一位行善的基督徒去世后想知道天堂与地狱究竟有何差异，于是天使就先带他到地狱去参观。到了地狱，在他们面前出现了一张很大的餐桌，桌上摆满了丰盛的佳肴。“地狱的生活看起来还不错嘛。”“不用急，你再继续看下去。”过了一会，用餐的时间到了，只见一群骨瘦如柴的饿鬼鱼贯地入座，每个人手上都拿着一双长十几尺的筷子。可是由于筷子实在是太长了，最后每个人都夹得到，吃不到。“你真觉得很悲惨吗？我再带你到天堂看看。”到了天堂，同样的情景，同样的满桌佳肴，每个人同样都用一双长十几尺的筷子。围着餐桌吃饭的可爱的人们，他们也用同样的筷子夹菜，不同的是，他们喂对面的人吃菜。而对方也喂他吃，因此每个人都吃得很愉快。

■ 习题（案例分析）

一、面试从你接到电话通知的那一刻就已经开始了。下面是某公司与求职者的一段电话录音。

“喂！”

“喂，您好，请问是 XXX 先生吗？”

“你是谁啊？”

“我是 XX 公司的，请问您参加了我们公司的招聘吗？”

“哪个公司？”

“我们把您的面试时间安排在了明天的 XXX，地点在 XXX。”

“我记一下，你们是什么公司？”

……

相关人员把对这名求职者的印象写在了他（她）的简历上，供明天面试的时候参考。

讨论题

1. 应该怎样接通知你参加面试的电话？

2. 你认为面试是从什么时候开始的？为什么？

二、面试。

小　李：（推门进来，重重地关上门。坐在主考官面前，默不作声）。

主考官：你是李东吧？请问，你是从哪所学校毕业？什么时候毕业的？

小　李：（不解地）您没有看我的简历吗？您问的这些问题简历上都写着呢。

主考官：看了。不过我还是想听你说说。那么，请用一分钟叙述一下你的简单情况。

小　李：（快速地）我在大学里学的是文秘专业，实习时在一家广告公司工作负责文案。这几年，我报考了英语专业的自学考试，目前已通过五门功课的考试。我很想到贵公司工作，因为贵公司的工作环境很适合年轻人的发展。我希望贵公司给我一个机会，而我将回报贵公司一个惊喜。

主考官：（皱起眉头）好吧，回去等通知吧。

小　李：（急匆匆走出去，又急匆匆返回来拿放在椅子脚旁的帆布包）。

讨论题

1. 请指出小李面试过程中的几处致命错误。

2. 为了在简短的时间内有效地推销自己，应该做些什么准备？

素质包括了职业人必备的思想、知识、技巧等素质。一个人在社会中扮演什么角色，环境中体现什么身份，都需要准确定位，然后根据要求设计自己的仪态、表情、行、服饰、谈吐以及待人接物的方法。职业形象塑造是一个综合的范畴，强调仪容仪言谈吐和行为举止的整体和谐，它要求职业者能够娴熟地掌握社交礼仪，通过语音、举止、姿势、动作等传递自信、昂扬、妩媚、潇洒、优雅等多种信息，形成有文化、有内涵的职业形象，以一定的、约定俗成的程序、方式来表现律己、敬人的过程。

心灵美和仪表美不是对立的，而是不可分割的，只有它们互为表里，相得益彰，才是完善的美。

第4章 日常个人礼仪

第1节 日常行为礼仪

■ 案例

王芳，某高校文秘专业高材生，毕业后就职于一家公司做文员。为适应工作需要，上班时她毅然放弃了“清纯少女妆”，化起了整洁、漂亮、端庄的“白领丽人妆”：不脱色粉底液，修饰自然、稍带棱角的眉毛，与服装色系搭配的灰度偏浅色的眼影，紧贴上睫毛根部描画的灰棕色眼线，黑色自然型睫毛，再加上自然的唇形和略显浓艳的唇色，虽化了妆，却好似没有化妆，整个妆容清爽自然，尽显自信、成熟、干练的气质。但在公休日，她又给自己来了一个大变脸，化起了久违的“青春少女妆”：粉蓝或粉绿、粉红、粉黄、粉白等颜色的眼影，彩色系列的睫毛膏和眼线，粉红色或粉橘色的腮红，自然系的唇彩或唇油，看上去娇嫩欲滴，鲜亮淡雅，整个身心都倍感轻松。心情好，自然工作效率就高。一年来，王芳以自己得体的外在形象、勤奋的工作态度和骄人的业绩，赢得了公司同人的好评。

■ 理论知识

（1）接电话。在电话响三声之内一定要接，如果接不了，回拨时要道歉。

（2）交谈。谈话时尽量不要涉及个人收入、年龄、健康等隐私问题，多谈论点天气、新闻时事等。

（3）敲门。即使房间的门是虚掩的，也应先敲门。敲门时用右手的手指关节轻轻地敲三下，问一声：“我可以进来吗？”待听到允许后再轻轻地推门进去。

（4）站姿。站立时，女士双膝和双脚要靠紧，男士两脚间可稍分开点儿距离，但不宜超过肩宽，双臂自然下垂，双手掌心向内轻贴大腿两侧。不可将一只手或双手插放在自己的口袋之中。

（5）坐姿。入座时要稳要轻，不可猛起猛坐使椅子发出声响。女士入座时，若着裙装，应用手将裙子稍向前拢一下。坐定后，上体保持正直，两眼平视，目光柔和。男子双手掌心向下，自然放在膝盖上，两膝距离以一拳左右为宜。女士可将右手搭在左手上，轻放在腿面上。

（6）手势。正确的示意手势应该是除拇指外四指合拢，伸出手掌用指尖所指的方向示意。不能直接伸出食指，用一个指头进行指示，也不能用手中正在使用的笔指点对方或做示意。在与人交谈时，不能反复摆弄自己的手指，活动关节或者手指动来动去均不符合礼仪规范。

（7）就餐。不可坐主人位（一般正对大门或电视机的位置为主人位）。就餐时，让菜而不夹菜，敬酒而不劝酒。吃东西时不能发出声音。

（8）衣着。女士正装是套裙和高跟鞋，适当化淡妆，头发梳整齐；男士正装是西装和皮鞋，腰部以上不可有太多杂物。

（9）乘车。女士登车时不要一只脚先踏入车内，也不要爬进车里。需先站在座位边上，把身体降低，臀部坐到位子上，再将双腿一起收进车里，双膝一定保持合并的姿势。

（10）在公共区域，行走时要快捷、右行、姿态挺拔、目视前方。

（11）遇到客人和员工时，先向客人示礼，示礼时注目、微笑。

（12）在公共场合，随地吐痰、吸烟都是无礼的表现。在酒楼除非是包席，最好不要太喧哗，不要影响其他顾客。

（13）会场里不要窃窃私语，尽量把手机调为震动或者关机。

相关链接

战国时期的思想家、政治家和教育家孟子，是继孔子之后儒家学派的主要代表人物，被后世尊奉为仅次于孔子的“亚圣”。

孟子一生的成就，与他母亲从小对他的教育是分不开的。孟母是一位集慈爱、严格、智慧于一身的伟大母亲，早在孟子幼年的时候，便为后人留下了“孟母三迁”、“孟母断织”等富有深刻教育意义的故事。孟子成年娶妻后，孟母仍不断利用处理家庭生活琐事的智慧去启发、教育他，帮助他从各方面进一步完善人格。

有一次，孟子的妻子在房间里休息，因为是独自一个人，便无所顾忌地将两腿叉开坐着。这时，孟子推门进来，一看见妻子这样坐着，非常生气。原来，古人称这种双腿向前叉开坐为箕踞，箕踞向人是非常不礼貌的。孟子一声不吭就走出去，看到孟母，便说：“我要把妻子休回娘家去。”孟母问他：“这是为什么？”孟子说：“她既不懂礼貌，又没有仪态。”孟母又问：“因为什么而认为她没礼貌呢？”“她双腿叉开坐着，箕踞向人，”孟子回道，“所以要休她。”“那你又是如何知道的呢？”孟母问。孟子便把刚才的一幕说给孟母听，孟母听完后说：“那么没礼貌的人应该是你，而不是你妻子。难道你忘了《礼记》上是怎么教人的？进屋前，要先问一下里面是谁；上厅堂时，要高声说话；为避免看见别人的隐私，进房后，眼睛应向下看。你想想，卧室是休息的地方，你不出声、不低头就闯了进去，已经先失了礼，怎么能责备别人没礼貌呢？没礼貌的人是你自己呀！”

一席话说得孟子心服口服，再也不提什么休妻子回娘家的话了。

■ 习题（案例分析）

一天，参加工作不久的杨安琪小姐被派到外地出差。在卧铺车厢里，她碰到一位来华旅游的美国姑娘。美国姑娘热情地向杨安琪打招呼，使杨小姐觉得不与人家寒暄几句实在显得不够友善，便操着一口流利的英语，大大方方地与对方聊了起来。

交谈中，杨小姐有点没话找话地询问对方：“你今年多大岁数呢？”美国姑娘所答非所问地说：“你猜猜看。”杨小姐自觉没趣，又问道：“你这个岁数，一定结婚了吧？”令杨小姐吃惊的是，对方居然转过头去，再也不理她了。一直到分手，两个人再也没说一句话。

讨论题

为什么美国姑娘再也不理杨小姐了？

第2节　日常交际礼仪

■ 案例

有一位先生为一位外国朋友订做生日蛋糕。他来到一家酒店的餐厅，对服务小姐说：“小姐，您好，我要为我的一位外国朋友订一个生日蛋糕，同时打一份贺卡，你看可以吗？”小姐接过订单一看，忙说：“对不起，请问先生，您的朋友是小姐还是太太？”这位先生也不清楚这位外国朋友结婚没有，从来没有打听过，他为难地抓了抓后脑勺想想说：“小姐？太太？一大把岁数了，太太。”生日蛋糕做好后，服务员小姐按地址到酒店客房送生日蛋糕，敲门，一女子开门，服务员小姐有礼貌地说：“请问，您是怀特太太吗？”女子愣了愣，不高兴地说：“错了！”服务员小姐丈二和尚摸不着头脑，抬头看看门牌号，再回去打个电话问那位先生，没错，房间号码没错。再敲一遍，开门，“没错，怀特太太，这是您的蛋糕。”那女子大声说：“告诉你错了，这里只有怀特小姐，没有怀特太太。”啪一声，门被用力关上，蛋糕掉地。

■ 理论知识

（1）男士陪女士上车，应先开门，并且用手挡在女士头顶与车门顶之间，协助其登车后自己再上车。

（2）上下电梯、楼梯或进房间时，女士先行。进入剧场或电影院时，也是女士在先，男士在后。只有当需要男士去排除故障或有利于照顾女士时，男士才走在前面。

（3）按照西方“以右为尊”的礼节，在一般情况下，男士与女士坐在一起，应让女士在右边；在人行道上，男士应走在靠车道的一边来保护女士。在正式场合，这一礼仪更要一丝不苟地遵守。凡重要会见，都是夫人走在前面，丈夫跟在后面；宴请进餐，也都是先给女士上菜；拜访时，先向女主人致意；告别时，先向女主人道谢。

（4）无论何种场合，有风度的男士都应尽可能地帮助女士。就餐时，男士要为女士拉椅子；与女士同行，男士要帮她拿手包以外的物品；下雨时，男士要主动撑伞；到衣帽间存放衣物，男士要帮女士脱下大衣。

（5）去政府机关办事，首先要遵守规定在门口登记，找到要去的部门和负责人后，应该简要地说明来意，假如有什么事无法达成共识，像涉及切身利益的问题，不要情绪激动、大吵大闹，以免造成不良影响。

（6）在银行存提款要注意给别人留下空间，在“一米线”外等候。

（7）到写字楼里办事应当着装整齐，礼貌回答门卫提出的问题，进门前一定要敲门，得到允许后再进去，不要长驱直入。假如你是去推销更要注意礼貌，往往写字楼是不欢迎推销的，至少你应该用自己的行为语言给他们一个好印象。

（8）在演唱会或新闻发布会上要注意情绪不要失控，尊重演唱者和主办者，在适当的时候献花，不要提出别人无法接受的要求。

（9）在与西方人交往时要遵循下列原则。

1）集会、约会按时到达。西方国家的会议和演出都是准时开始的，在活动开始前就坐才符合礼节。

2）参加宴会提前几分钟。西方人的宴会也是准时开始的。可在宴会开始前几分钟到达，提前太多会打乱主人的计划，而迟到则显得对其他客人很不礼貌。

3）沙龙、舞会可迟到几分钟。这是被西方人公认的"守时行为"，因为到了预定时间，一切工作已准备就绪，主人这时可以专门恭候客人了。

■ 相关链接

有一次，英国王室为了招待印度当地居民的首领，在伦敦举行晚宴，其时还是王子的温莎公爵主持这次宴会。宴会中，达官贵人们觥筹交错，相与甚欢，气氛融洽。在宴会结束时，侍者为每一位客人端来了洗手盘。印度客人看到那精巧的银制器皿里盛着亮晶晶的水，以为是喝的水呢，就端起来一饮而尽。作陪的英国贵族们目瞪口呆，不知如何是好，纷纷把目光投向主持人。温莎公爵神色自若，一边继续与客人谈笑风生，一边也端起自己面前的洗手水，像客人那样"自然而得体"地一饮而尽，其他人见此也纷纷效仿。本来要造成的难堪与尴尬顷刻释然，宴会取得了预期的成功，当然也就使英国的国家利益得到了进一步的保证。

任何时刻都不要让他人因小事陷入尴尬而出丑。为他人着想，为他人解难，展现大度智慧，彰显礼仪风范，你得到的将是更多的尊重和价值。在公共关系中既能维护自己的利益又能够照顾到公众的情感，才是公共关系艺术的重要体现。

■ 习题

一、问答

1. 自我介绍有哪几种形式，在做具体自我介绍时应注意些什么问题？

2. 称呼应该注意些什么问题？

二、案例分析

国外某投资集团十分看好当地独特的旅游资源，在有关部门的努力下，原则上决定斥巨资开发当地独特、优美的旅游资源。为了进一步落实投资具体事宜，该投资公司派出以董事长为团长的高级代表团来到该县进行实地考察。当地县政府对这次接待活动格外重视，接待规格之高是史无前例的。县政府在代表团到达当天举办盛大欢迎宴会，出席宴会的外方代表团成员共8人，中方陪同人员100人。菜肴极其丰富，不仅有专门从海南空运过来的龙虾、鲍鱼，还专程从北京全聚德请来一级厨师制备地道的北京烤鸭，甚至还有当地特有的山龟、果子狸，其规模和档次甚至超过国宴。

然而，面对主人热情洋溢的祝酒辞以及丰盛的山珍海味，外方代表团成员没有中方陪客那样兴奋，对中方的盛情款待似乎并不领情。第二天，代表团参观了当地尚未开发的旅游资源。外方赞不绝口，但没有按照以前期望的那样签署投资协议。为什么如此高规格的接待却没有起到任何效果？县政府领导百思不得其解。

讨论题

1. 为什么如此高规格的接待却没有起到任何效果？
2. 在用餐上我国存在哪些陋习？请展开讨论。

第3节 谈吐礼仪

■ 案例

一位年轻人准备去青海湖风景区旅游。那天天气炎热，他下车后已走得筋疲力尽，口干舌燥，不知距目的地还有多远，举目四望，不见一人。

正失望时，远处走来一位老者，年轻人大喜，张口就问，“喂，离青海湖还有多远呀？”老者目不斜视的回了两个字：“五里。”年轻人精神倍增，快速向前走去。他走呀走，走了好几个五里，青海湖也不见踪迹，他恼怒地骂起了老者。

■ 理论知识

语言礼仪与一般语言的不同在于它不能使用侵犯他人的攻击性语言，而是通过文明、礼貌的语言建立起情感沟通的纽带。在使用轻松、诙谐、明快、幽默、委婉、庄严、赞美的语言所营造的自然、愉快、兴奋、亲切、可敬和舒畅的氛围中培植和增进友谊。

一、语言美

鲁迅说：“语言有三美：意美的感心，一也；音美的感官，二也；形美的感目，三也。”对于形美（体态语言）的要求我们在举止礼仪中已经基本体现，这里着重介绍音美和意美。

（一）声音美

声音在语言中的地位相当重要。语言情感的语音表现主要集中在有声语言上，以声传意，以声传情。谈吐礼仪要求人们在讲话时要用有魅力的声音，给人以美的享受。要使自己说话的声音充满魅力，起码要做到两点。

第一，要在乎自己说话的声音。

第二，每天不断地练习自己说话的声音，而且应从以下几个方面坚持不懈地努力。

（1）音量大小适中。讲话时声音不宜过高，音量大到让人听清即可，明朗、低沉、愉快的语调最吸引人，放低声音比提高嗓门声嘶力竭地喊听起来更让人感到舒适。所以语调偏高、声音尖的人应该设法练习变为低调。当然这要把握适度，若声音太低太轻不宜让人听清楚，也不好。

（2）语调柔和。在社交场合中，一般以柔言谈吐为宜。尽可能使声音听起来柔和，避免粗厉尖硬的讲话，以理服人，而不是以声、以势压人。理直气和更能诚服于人。语言美是心灵美的语言表现。“有善心，才有善言”，因此要掌握柔言谈吐，首先应加强个人的思想修养和性格锤炼。

(3) 讲话速度快慢适中。讲话时，要依据实际情况的需要调整快慢，讲话速度最好不要过快（特别是有分量的谈话内容），应尽可能娓娓道来，给他人留下稳健的印象，也给自己留下思考的余地。

(4) 抑扬顿挫。讲话时应注意音调的高低起伏、抑扬顿挫以增强讲话效果。应避免平铺直叙过于呆板的音调，这种音调让人听着乏味，达不到预期的效果。任何一次讲话，速度的变化，音调的高低，抑扬顿挫，就像一首交响乐，搭配得当才能和谐动人。

(5) 吐字清晰，声音清亮圆润，段落分明。讲话时应吐字清晰、段落分明，避免含糊其辞、咬字不清和咬舌。宁可把讲话的速度放慢，也要把话说清楚。

(6) 声音美不仅指嗓音的动听甜美，更重要的是如何正确发音，使自己的语言保持抑扬顿挫的声调，快慢适中的速度，自然地表达丰富的思想感情。特别是青少年学生应该在学生时期养成讲普通话的习惯，训练自己一口标准流利的普通话。有口吃、谈吐不清晰习惯的人，要下决心纠正此缺点，较好的方法是练习大声地朗读，只要坚持不懈地、科学地勤学苦练，一定会提高自己的谈话水平。

（二）谈吐文雅

谈话文明礼貌的基本原则是尊重对方和自我谦让。

1. 态度诚恳亲切

谈话中要给对方一种认真、和蔼、诚恳的感觉。因为说话时的态度是决定谈话成功与否的重要因素。谈话时交谈双方都互相观察注意着对方的表情、神态，反应极为敏感，稍有不慎就会使谈话不欢而散或陷入僵局。当别人遇到不幸你去看望安慰时，你的表情一定要同情、专注；别人有了成绩你去祝贺时，你的表情就要真诚、热情、愉快。如果你三心二意、心不在焉就是失礼，会引起别人的反感。

2. 措辞要谦逊文雅

措辞的谦逊文雅体现在两个方面：对他人大多用敬语、敬辞，对自己则应用谦语谦词，即外敬内谦。敬语与谦语是相对的。因为一个会尊重他人的人必然是自谦的；反之一个狂妄自大的人，也决不会尊重别人。常用的敬语有“请”、“您”、“阁下”、“尊夫人”、“贵方”、“请您稍候”、“请帮我一下"、"请多关照"、"请留步"等。这些话中的"请"字不是多余的，多含有谦虚、尊重对方的意思，使语气委婉。尤其是用在指令性的句子中会显得分外有礼貌，不生硬，有很好的语气调节作用。

（1）敬语是表示恭敬和敬仰的词语，在使用时应注意下列几点。

1）适用场合。敬语主要用于四种场合：正规的社交场合；会议、谈判等公务场合；和师长或身份、地位较高的人交谈时；和陌生人打交道的时候。

2）根据不同对象使用不同敬语。敬语的使用要有针对性，要先看对象，然后选用恰当的敬语。比如你想问一位中国长者的年龄就可以说："您老高寿?""请问您老多大年纪了?"对平辈或年龄不太大的人则不适合如此发问，而应说："请问你多大年龄?"听到这类问话中国人都会高兴地回答你，因为这类问话很有礼貌。但是你如果直接去问一个外国人的年龄，他会很不愉快，认为这不礼貌，是对他的不尊重。如果需要问外宾年龄时，你应面带微笑，客客气气地说："××先生，我可以问一问您的年龄吗?"如果外宾高兴，他会马上回答。反之，他会回避这个问题，这时你就不要再追问。对外国女士，年龄不问为佳。

3）尊重对方。只有由衷地真诚地尊重对方，才能在语气上表现出恭敬之情。也就是"要心有所存，才口有所言"。其实尊重他人就是尊重自己，你敬人一尺，人才会敬你一丈。只有在一个相互尊重的环境里，人们才会更好地和睦相处。

（2）谦语即谦词，与敬语相对，是向人表示谦恭和自谦的一种词语。使用谦语和使用敬语一样，两者都体现了说话者本身的文明修养。谦语的用途比敬语稍少一些，主要用于书面语言之中。谦词和敬语的用法在过去有七字诀，即"家大、舍小、令外人"。

3. 多使用雅语和礼貌用语

雅语是指一些比较文雅的词语，和俗称相对。雅语常在一些正规的场合以及一些有长辈或女性在场的情况下，被用来代替那些比较随便甚至粗俗的话语。多使用雅语，能体现出一个人的文化素养。在待人接物中，如招待客人端茶时，你应该说："请用茶。"如果还有点心招待，可以说："请用一些茶点。"假如你比别人先结束用餐，你应该向其他人打招呼说："请大家慢用。"雅语的使用不是机械的、固定的。只要你的言谈举止彬彬有礼，人们就会对你良好的个人修养留下深刻的印象。中国人上厕所时习惯说“上厕所”、“上茅房”、“方便一下”等，在大街上还可直截了当地向人询问：“请问，哪有公共厕所？”但如果在一位陌生人家里做客，或有女士在场，就要文雅些，可以说：“我可以使用一下盥洗室吗？”或“请问洗手间在什么地方？”在美国，男厕所叫“男士室”，女厕所叫“女士室”。在国外上厕所有很多说法，但却回避“厕所”二字，而是用“我想洗洗手”、“请稍候”、“请原谅我耽误您几分钟”之类的话代替。话一出口，大家心照不宣，彼此毫不见怪。但太直接说“上厕所”则被认为是不文雅，特别是在上流社会、知识界更介意。使用雅语也要因人、因场合而有所区别，如在陌生人、长者、上级与朋友、熟人面前使用雅语时神态表情、声调就有所不同，仔细体味、把握，让雅语发挥最佳效果。

养成使用礼貌用语的习惯是很重要的。“请”、“您好”、“谢谢”、“没关系”、“再见”这五大礼貌用语人人都应重视，恰当地运用，会给人们的各种交往带来诸多方便。陌生人初次相识，说声：“您好，认识您很高兴。”彼此关系很快就能融洽起来。国外一些文明国家的人们，即使互不相识，见面后也会彼此微笑致意问声：“您好！”在中国，人们见面时习惯问：“你吃饭了吗？”或者说：“你去哪儿？”以此表示问候致意。这种问候习惯，中国人一般都能适应。而对西方人来说，他们不但不用这些话来问候别人，甚至认为这样说是不礼貌的。西方人认为，如果你问对方吃饭了没有，就意味着你想邀他去就餐或吃点东西。假若你听到对方回答“没吃”而又不发出邀请，对方就会认为你在耍弄他。如果你问他去什么地方，去干什么事情，他会认为你干涉他的私事。随着我国市场经济的发展，社会文明程度的提高，人们的文化修养也在提高，问候寒暄、礼貌用语也越来越讲究。使用“您好”、“早安”、“晚安”、“身体好吗”、“一切顺利吗”等世界各国普遍通用的问候语的人越来越多。请记住，同所有相识的人见面时均应以得体的方式致意问候。

二、谈吐原则与艺术

（一）谈吐原则

言谈应该遵循一定的规律和原则，做到言之有据、言之有理、言之有情、言之有文，才能使交谈达到理想的效果。

1. 明确的目的性原则

坚持“有意而言，意尽言止”和“话由旨遣”的原则，明确谈话目的，是取得成功交谈的前提条件。只有目的明确了，才知道应该准备什么话题和资料，采取何种谈话风格，运用哪些技巧，从而做到有的放矢，临场应变。如果谈话目的不明确，漫无边际，不仅浪费了时间，而且也是失礼的。所以谈话之前，预先想一想要获得的效果并为之努力，做好充分的准备工作是交谈成功的必备条件。

2. 对象性和适应性原则

谈话要有强烈的对象意识，适应语言表达的环境——语境。谈话因人异，要根据谈话对象的年龄、性别、职业、社会地位、文化知识水平及思想状况区别对待。《汉书·艺术志·邓析》中有文：“夫言有术，与智者言，依于博；与博者言，依于辩；与辩者言，依于要；与贵者言，依于势；与富者言，依于豪；与贪者言，依于利；与勇者言，依于敢；与愚者言，依于说。”话讲得好不好，不仅要看话语是否恰到好处地表达了自己的思想感情，还要看谈话内容是不是符合谈话对象的需要，对方是否乐于接受。好朋友碰到了不顺心的事，正在烦恼之中，这时，即使开一个很小的玩笑，也可能引起不快，宜表同情，多加劝导；与残疾人相处，更不宜说有伤对方自尊的话；喜庆场合，谈些天灾人祸，某人去世等倒霉话题不会受人欢迎；遇到正办丧事的人，应讲些节哀的劝慰话。总之，交谈中多谈些对方喜欢听的话总是相宜的，人喜则语言易入，包括提建议，提出批评更要讲究方式、讲究艺术，注意环境与场合，让对方心悦诚服地采纳、接受。

3. 分寸性原则

在人际交往中，谈话要有分寸，认清自己的身份，适当考虑措辞，哪些话该说，哪些话不该说，哪些话应该怎样说才能获得更好的交谈目的，是讲究谈话礼仪应注意的。同时还要注意讲话尽量客观，实事求是，不夸大其词，不断章取义。讲话尽量真诚，要有善意，尽量不说刻薄挖苦别人的话，不说刺激伤害别人的话。

4. 忌谈话题不谈不问

人家不打听的消息，别随口乱提；人家不提的问题，别信口分析，这也是谈吐礼仪要遵循的原则。交谈时，一般不要涉及疾病、死亡、灾祸等不愉快的事情，如果对方主动谈起，应诚意地表示关心、同情，说些有节制的劝慰语。不谈那些荒诞离奇、黄色淫秽的传闻。年龄、婚姻、住址、收入、经历、信仰等属于个人隐私的问题，交谈中一般不该径直深入询问。对方不愿意回答的问题不要追问，不刨根问底，如果不经意间提出对方反感的问题应表示歉意或立即转移话题。交谈时还应注意不直接批评长辈和身份高的人，注意亲疏有度，“交浅”不“言深”，是一种交际艺术。

（二）交谈艺术

在一切使人喜悦的艺术中，说话的艺术占第一位，只有通过它才能使被钝化的感官获得新的乐趣。谈吐礼仪是通过优化语言来提高表达效果的。优化语言的具体方法因人、因时、因地而异，其主要方法有委婉法、幽默法、模糊法和暗示法。

1. 委婉法

委婉是一种既温和婉转又能清晰明确地表达思想的谈话艺术。它的显著特点是“言在此而意在彼”，能够诱导对方去领会你的话，去寻找那言外之意。从心理学的角度来看，委婉含蓄的话，不论是提出自己的看法还是劝说对方，都能比较适应对方心理上的自尊感，使对方容易接受、赞同你的说法。有些话，意思差不多，说法稍有不同，给人感觉却大不一样，如谁——哪一位？不来——对不起，不能来。不能干——对不起，我不能做。什么事——请问你有什么事？如果不行就算了——如果觉得有困难的话，那就不麻烦你了。前者太直白，后者委婉动听了许多，让人容易接受。

2. 幽默法

“幽默”一词是英语 humour 的译音，起源于拉丁文，形成了古法文，最初是一个医学术语，指人的体液。这个词演变为美学范畴的一种特定含义，是 16 世纪以后的事情。幽默是在一定的语言条件下，通过语言反常组合来实现的，它与讽刺、否定性滑稽的不同之处在于它所持的是温和与宽容的态度，而后者则是尖刻、辛辣的，不友好的。幽默和语言礼仪在目的和功能上是一致的。说到笑，人们自然会想到幽默，它是笑的精华，而幽默又不仅仅在于博人一笑，它是一个人智慧的表现，它充满着敏锐、机智、友善和诙谐。幽默有折射与引申，有喻世的针砭和讽刺，在会心的笑声中启人心智，让人在笑声中反省自己，感悟真谛。幽默之所以有力量，是因为幽默本身与智慧密切相关，莎士比亚说："幽默和风度是智慧的闪现。"有幽默感的人大都是知识修养高、机智、聪慧的人。要成为一个富有幽默感的人不是很容易，要有自信、乐观、豁达、积极向上的性格，要有真诚善良、成人之美的品质和丰富渊博的知识。但要记住：幽默是生活中的调味品而非食物。幽默多一分便成为油滑，少一分则成为做作。

3. 模糊法

模糊是自然界中物体类别之间的一种客观性，这种客观性导致了人们认识中关于对象、类属、边界和情态的不确定性。模糊性是语言的基本特征之一。在自然语言中，句子所使用的词大部分是模糊词，如汉语中的概数词上下、左右、前后、多少、多日、多次等；副词马上、非常、刚刚、永远、略微等；时间名词拂晓、白天、黄昏、深夜、现在、过去等。模糊法是运用不确定的或不精确的语气进行交际的办法。波兰语文学家沙夫在《语文学引论》一书中说："交际需要词语的模糊性。"这听起来似乎是很奇怪的，但是假如我们通过约定的方法完全消除了词语的模糊性，那么我们就会使语言变得贫乏，就会使它的交际和表达作用受到巨大的限制，而其结果就是摧毁语言，人们交际就很难进行，从而使我们用以交际的工具遭到了损害。

4. 暗示法

暗示是一种信号化的刺激，表示"不公开地隐蔽地给人以启示"。从社会心理学角度来看，暗示是在无对抗的条件下用含蓄、间接的方法对人的心理和行为产生影响。暗示法是通过语言、行为或其他符号把自己的意向传递给他人，并引起反应的方法。如某公共卫生间的标语牌："来也匆匆，去也冲冲"就是用幽默的语言暗示人们便后放水冲洗。暗示法可以通过人的语言形式、表情来施授，也可以通过情境（视觉符号、声音符号）来施授。暗示法是交际语言中很有效的艺术。

■ 相关链接

有三个人要被关进监狱三年，监狱长许给他们三个一人一个要求。美国人爱抽雪茄，要了三箱雪茄。法国人最浪漫，要一个美丽的女子相伴。而犹太人说，他要一部与外界沟通的电话。三年过后，第一个冲出来的是美国人，嘴里鼻孔里塞满了雪茄，大喊道："给我火，给我火！"原来他忘了要火了。接着出来的是法国人。只见他手里抱着一个小孩子，美丽女子手里牵着一个小孩子，肚子里还怀着第三个。最后出来的是犹太人，他紧紧握住监狱长的手说："这三年来我每天与外界联系，我的生意不但没有停顿，反而增长了200%，为了表示感谢，我送你一辆劳斯莱斯！"

这个故事告诉我们，什么样的选择决定什么样的生活。今天的生活是由三年前我们的选择决定的，而今天我们的抉择将决定我们三年后的生活。我们要选择接触最新的信息，了解最新的趋势，从而更好地创造自己的将来。

■ 习题（案例分析）

某地一家饭店餐厅的午餐时间，来自台湾的旅游团在此用餐，当服务员发现一位70多岁的老人面前是空饭碗时，就轻步走上前，柔声说道："请问老先生，您还要饭吗？"那位先生摇了摇头。服务员又问道："那先生您完了吗？"只见那位老先生冷冷一笑，说："小姐，我今年70多岁了，自食其力，这辈子还没落到要饭吃的地步，怎么会要饭呢？我的身体还硬朗着呢，不会一下子完的。"

讨论题

1. 上例中服务员的哪些用词不合语法、不合规范？
2. 是客人敏感、多疑，还是服务员的谈吐不合礼仪？

素质包括了职业人必备的思想、知识、技巧等素质。一个人在社会中扮演什么角色，环境中体现什么身份，都需要准确定位，然后根据要求设计自己的仪态、表情、行、服饰、谈吐以及待人接物的方法。职业形象塑造是一个综合的范畴，强调仪容仪言谈吐和行为举止的整体和谐，它要求职业者能够娴熟地掌握社交礼仪，通过语音、举止、姿势、动作等传递自信、昂扬、妩媚、潇洒、优雅等多种信息，形成有文化、有内涵的职业形象，以一定的、约定俗成的程序、方式来表现律己、敬人的过程。

心灵美和仪表美不是对立的，而是不可分割的，只有它们互为表里，相得益彰，才是完善的美。

第5章

生活交际礼仪

第1节 拜访接待礼仪

■ 案例

某高校聘请了一位美国的物理学家为客座教授，有一年夏天这位教授前来该校讲学。在一天的傍晚，学校的几位物理教授一同前往专家楼探望他。不料，按响门铃，当对方开门后看见是他熟悉的同行教授们，不但没有热情地让其进门，反而脱口说道："我现在正在准备明天的讲座内容，因为你们没有事先预约，所以没有计划与你们交谈的时间，我看还是另约时间再谈吧！"结果，此次教授们的好意拜访未能如愿。第二天，该校的教授们在预约征得其同意后才得以去拜访这位来自大洋彼岸的客座教授。

■ 理论知识

一、拜访做客的基本礼仪

(1) 注意时间的选择。一般来说，访问某人，应事先选择好时间，不宜选择对方较忙或三餐时间，晚上不宜太迟。节假日和周末，本是访问的好时机，但如果没有预约，也不要贸然前往，因为这些时间主人往往另有安排。预先约定时间，最符合礼貌。尽量不做不速之客，不请自到。预约好的拜访，宾主都要守时、守约、守信。客人应准时或稍提前一点儿到达，因特殊情况不能赴约，应想办法通知对方，无声无息地取消预约是极不礼貌的。

(2) 注意服装的选择。一般的访问，整洁、朴素、大方即可，不必太过华丽。蓬头垢面、衣冠不整是对主人的不敬。若去庆贺喜事，就须讲究些。

(3) 进门时先敲门或按门铃。敲门要有节奏感，不轻不重，不急不慢，敲两三下为宜。虚掩着或开着的门也不可破门而入，给主人一个措手不及则很失礼，进室后最好等要拜访的人来后才落座。如果需要较长时间等候，可先落座与接待者交谈或看些报纸杂志之类的读物，要拜访的人来后应起立寒暄。对于约好的正式拜访，无论事情多急，拜访的时间多紧，在门口也只能寒暄问候，不要谈正题，入室落座后再谈，否则会给对方留下不成熟的印象。要穿拖鞋的在门口就换好，见到其家人应问好致意，不打招呼是失礼的。

（4）对主人的热情款待表示感谢。主人敬茶或糖果等小食品时，应起身或欠身双手接过，并说声“谢谢”；若敬烟，作为学生应婉言谢绝。

（5）交谈过程中，要注意交谈的礼仪和技巧，谈话要简要，少说消极、沉闷的话。善于倾听，做出积极反应，不要随意中断别人的谈话。客人在主人家不宜东张西望。不要随便走进主人的卧室，除非主人主动邀请。

（6）掌握好告辞的最佳时机。一般性拜访，时间不宜太长，也不宜太匆忙。一般以半小时到一小时为宜。若是事务、公务性拜访，则可视需要决定时间的长短。客人提出告辞的时间，最好是与主人的一个交谈高潮之后，或者是在又有新客人来时，交谈中主人若有疲劳感或有家人来提示有什么急事要办等情况时，适时告辞较为得体。告辞时应对主人及家人的款待表示感谢。如果主人家有长辈，应向长辈告辞。

综上所述，作为客人应遵守的基本礼节可以概括为：事先预约，不做不速之客；如期而至，不做失约之客；彬彬有礼，不做冒失之客；衣冠整洁，不做邋遢之客；举止端庄，谈吐文雅，不做粗俗之客；适时告辞，不做难辞之客。

二、接待客人的基本礼节

（一）接待来客的礼节

（1）不速之客来访时，如果自己衣冠不整，那么先为客人让座，致歉后回自己房间整衣，然后再出来接待。穿睡衣接待客人是不礼貌的。如果客厅、房间比较散乱，客人到后要表示歉意并稍整理一下客人的座位即可，不要忙乱地收拾房间，那会让客人感到尴尬。

（2）对于预约的来客，应在预约的时间之前做好准备，会客厅要适当收拾干净，并适当准备些茶点、水果之类的食品为宜。如果自己临时有急事脱不开身，可吩咐家人先暂时代劳，把客人引入客厅热情接待。客厅最好放些书刊杂志之类的书籍，供客人等候时翻阅。

（3）客人来访时，应热情相迎。客人脱下衣帽要主动为他们放好，必要时向家人介绍。家人最好向客人致意，热情问候，不必打招呼的就应回避。若客人是长辈或领导、师长，敬茶时应一手扶杯，一手扶底双手敬上，平辈或晚辈可随便些。

（4）与客人交谈，要注意倾听客人的讲述，不随便打断对方的讲话，对重要的地方可以附和或询问。运用得体的体态语言（目光、手势、表情、姿势等）来加强交谈的效果。交谈过程中，应不时邀请客人吃水果、喝茶，但要注意邀请语气和分寸，不得体地频繁邀请喝茶会让客人感到催他离去。

（5）若正与客人交谈，又有其他客人来访，与先到的客人互不相识，主人应主动替双方介绍。对来到的所有客人应一视同仁，对其中某一位过分亲密，会引起别的客人的不快或误会。

（二）送客的礼节

（1）客人提出告辞时，主人先说些挽留的话，弄清对方确实再无留意时再送客。

（2）送客时，如果在家里，可让客人自己开门，主人开门似乎在下逐客令。迎客主人在前，送客主人在后，但在饭店等服务性部门和正式的聚会上，是不应让客人自己开门的。

（3）送客到门外。若是老年人、上级、女士或初次拜访者，则应送至楼下或庭院外，同辈、晚辈或常客可送至电梯口或楼道口，应目送客人走出视线以外，客人回头相看时，可挥手或点头微笑致意。如果客人刚出门，就听到背后“砰”地一声关上门，会误以为主人并不欢迎他，至少会觉得交情不够深。

■ 相关链接

1962年，周总理到西郊机场为西哈努克亲王和夫人送行。亲王的飞机刚一起飞，我国参加欢送的人群便自行散开，准备返回，而周总理这时却依然笔直地站在原地未动，并要工作人员立即把那些离去的同志请回来。这次总理发了脾气，他严厉起来了，狠狠地批评道：“你们怎么搞的，没有一点礼貌！各国外交使节都站在那里，飞机还没有飞远，你们倒先走了。大国这样对小国客人不是搞大国主义吗？”当天下午，周总理就把外交部礼宾司和国务院机关事务管理局的负责同志找去，要他们立即在《礼宾工作条例》上加上一条，即“今后到机场为贵宾送行，须等到飞机起飞，绕场一周，双翼摆动三次表示谢意后，送行者方可离开。”

习题

一、问答题

1. 拜访分为哪几种类型？
2. 私人拜访有什么礼仪规范？
3. 拜访前有哪些准备工作？

二、情景讨论题

1. 我们去探视肠道疾病患者时应如何选择礼品？

（答案要点：最好选择有益于患者病情恢复的食品或保健品；也可以选择康乃馨为主的花束或花篮。）

2. 去办公区域进行公务拜访时，男性着西装应注意些什么规范？

三、案例分析

王女士是某公司的经理，发现有两个安排在周五的约会有冲突，就让秘书打电话重新安排其中一个约会的时间。王女士被邀请到一家公司的老板家吃晚饭，由于事先知道老板夫人非常喜欢花，于是在赴宴途中买了一束红玫瑰，送给老板夫妇。路上塞车，迟到了10分钟。进餐时感到有点热，王女士脱下外衣搭在椅背上。餐后女主人为大家端上咖啡，王女士右手持咖啡杯，左手端碟子，一边喝咖啡，一边对主人夫妇的菜肴做了由衷的赞美。

讨论题

试分析王女士的行为有几个礼仪硬伤。

第2节　介绍与自我介绍礼仪

案例

一次，齐王派晏子出使楚国，楚王见到身材矮小的晏子：“你们齐国没有人才了吗?”晏子装不知其意,回答道:“齐国地方大,人才济济,怎么说没有人才了呢?”楚王冷笑道:“既然人才济济,怎么会派你来呢?”晏子不动声色:“就因为齐国派使者是看对方国家的,假如对方有贤明的君主,就派一流的使者去;假如对方没有贤明的君主,就派较差的使者去。我是最差的使者,所以就被派到楚国来了。”楚王语塞。

■ 理论知识

一、自我介绍

(一)自我介绍的适用场合及礼仪

(1)社交场合中遇到你希望结识的人,又找不到适当的人介绍。这时自我介绍应谦逊、简明,把对对方的敬慕之情真诚地表达出来。

(2)电话约某人,而又从未与这个人见过面。这时要向对方介绍自己的基本情况,还要简略谈一下要约见对方的事由。

(3)演讲、发言前。这时面对听众做自我介绍,最好既简明扼要又有特色,利用“首因效应”,给听众一个良好的第一印象。

(4)求职应聘或参加竞选。这时更需要自我介绍,而且自我介绍的形式可能不止一种,既要有书面介绍材料(个人简历),还要有口头介绍,这会直接影响求职或竞选者能否成功。

(二)掌握自我介绍的语言艺术

(1)镇定而充满自信地清晰地报出自己的姓名(这是必须的),并善于使用体态语言,表达自己的友善、关怀、诚意和愿望,这是体现自信的表示。如果自我介绍模糊不清,含糊其辞,流露出羞怯自卑的心理,会使人感到你不能把握自己,因而也会影响彼此间的进一步沟通。

(2)根据不同交往的目的,注意介绍的繁简。自我介绍一般包括姓名、籍贯、职业、职务、工作单位或住址、毕业学校、经历、特长或兴趣等。自我介绍时应根据实际需要来决定介绍的繁简,不一定把上述内容逐一说出。在长者或尊者面前,语气应谦恭;在平辈和同事面前,语气应明快,直截了当。

(3)自我评价要掌握分寸。自我评价一般不宜用“很”、“第一”等表示极端赞颂的词,也不必有意贬低,关键在于掌握分寸。

二、他人介绍

（一）为他人作介绍时的基本礼仪原则

（1）在向他人介绍时，首先了解对方是否有结识的愿望。最好不要向一位有身份的人介绍他不愿认识的人。

（2）注意介绍次序。按国际惯例，应该先把年轻者、身份地位低者介绍给年长者、身份地位高者；先把年轻的职务相当的男士介绍给女士；先把年龄低、未婚者介绍给已婚者；先把客人介绍给主人；先把晚到者介绍给早到者。如果是业务介绍必须先提到组织名称、个人职衔等。集体介绍可以按照座位次序或职务次序进行。为他人介绍遵守“先向尊者介绍”的原则。

（3）介绍人作介绍时，应该多使用敬辞。在较正式场合，介绍词也较郑重，一般以“×××，请允许我向您介绍……”的方式。在不十分正式的场合可随便些，可用“让我介绍一下”或“我来介绍一下”，“这位是……”的句式。介绍时语气清晰地说出得体的称谓，有时还可用些定语或形容词、赞美词介绍对方。

（4）为他人介绍时要注意手势和表情。被介绍时，眼睛正视对方。除年长或位尊者外，被介绍双方最好站起来点头致意或握手致意，同时应说声：“您好，认识您很高兴”或“真荣幸能认识您”等得体的礼貌语言。

（5）特殊情况的介绍顺序。

1）先少后多。

2）在会议、比赛、演讲时只介绍主持人。

3）两对夫妻或两对普通关系的男女，男性之间先相互打招呼，男客人再将女伴介绍给男主人，最后再将她介绍给女主人。

■ 相关链接

《林肯传》中有这样一件事：一天，林肯总统与一位南方的绅士乘坐马车外出，途遇一老年黑人深深地向他鞠躬。林肯点头微笑并也摘帽还礼。同行的绅士问道：“为什么你要向黑鬼摘帽？”林肯说：“因为我不愿意在礼貌上不如任何人。”1982 年美国举行民意测验，要求人们在美国历届的 40 位总统中挑选一位“最佳总统”时，名列前茅的就有林肯。

■ 习题

请阅读下面一组介绍：

1. 这位是XX公司的人力资源部张经理，他可是实权派，路子宽，朋友多，需要帮忙可以找他。

2. 约翰·梅森·布朗是一位作家兼演说家。一次他应邀去参加一个会议，并进行演讲。演讲开始前，会议主持人将布朗先生介绍给观众，下面是主持人的介绍语：先生们，请注意了。今天晚上我给你们带来了不好的消息。我们本想要求伊塞卡·马克森来给我们讲话，但他来不了，病了。（下面嘘声）后来我们要求参议员布莱德里奇前来，可他太忙了。（嘘声）最后，我们试图请堪萨斯城的罗伊·格罗根博士，也没有成功。（嘘声）所以，结果我们请到了——约翰·梅森·布朗。（掌声）

3. 我给各位介绍一下：这小子是我的铁哥们儿，开小车的，我们管他叫“黑蛋”。

讨论题

1. 以上介绍各存在什么问题？
2. 在交际场合中进行介绍时应注意哪些规范？

第3节 馈赠礼仪

■ 案例

江泽民主席出访俄罗斯时，曾向叶利钦总统赠送了一盘由中国制作的关于反法西斯的歌曲配画的录像带。这盘录像带的内容究竟是什么呢？

北京五岳文化咨询公司董事长冯精志后来透露：这盘长达1小时50分钟的录像带名为《神圣的战争——苏联卫国战争歌曲回顾》，是由冯声华编导、五岳文化咨询公司和广州艺宝影音制作传播公司联合制作的。

《神圣的战争》选用了《神圣的战争》、《我到过世界不少地方……》、

《小路》、《夜莺》、《灯火》等13首前苏联歌曲，均由前苏联功勋艺术团演唱。画面全都是苏德双方军事记者拍摄的极其珍贵的电影资料。通过歌曲和画面，讲述了前苏联人民奋起抗击德国入侵的辉煌业绩，展示了主要战役，介绍了双方的政治领导人和将领。

据悉，当片子在俄罗斯驻华使馆放映时，引起强烈的反映，许多人热泪盈眶。一些官员说："尽管片子中反映的是我们苏联人民在卫国战争中的事情，但许多画面却是第一次看到。从片子中可以感到最了解苏联的是中国人民，你们能够想到制作这样的片子，说明了你们对我们的深厚情谊。"

■ 理论知识

一、馈赠的基本原则

馈赠是一种传统的礼仪活动。古人在所进行的馈赠礼仪活动中，共同遵循的伦理准则和信奉的行为信条大致为：一是"投桃报李"，即真诚相助，有德必报。二是"受人财不以为富"，其意义是在馈赠活动中，受馈者不能以此作为致富手段，这是双方均应遵行的起码的馈赠伦理准则和价值观。三是"君子慎其所以与人者"。要求人们在进行馈赠活动时，馈赠者一方面不能"妄为"，要以礼相赠，不强行与人；另一方面还应量力而行，尽己所能，不可勉强行之，方为合"礼"。而如何遵循馈赠礼仪准则，选择适宜的礼品，在适当的时间、适当的场合送给不同的对象，达到馈赠的最佳效果，发挥馈赠在交际中的重要作用，对馈赠者来说是非常重要而又很费脑筋的问题。

二、馈赠礼仪

（1）考虑与受礼者的关系，决定礼品的轻重。一般不轻易送过于贵重的礼物，不然会使对方产生不安的想法，或引起"重礼之下，必有所求"的猜测。应本着"交浅礼薄，谊深礼重"的一般礼俗。

（2）选择礼品要考虑"5W1H"（When，Where，Who，What，Why，How），做到认真、心诚，心存"敬重"之情，能够体现自己所倾注的时间、才智和努力。选择的礼品首先自己应该喜欢，自己看不上的东西，别人也不一定喜欢，不能把自己很不喜欢的东西转送他人。

（3）馈赠礼品要考虑受礼者的情趣、爱好、年龄、环境等因素，还要考虑一定的民俗禁忌。礼品最好是一件接受者想要但又未曾得到的东西，或是有长久纪念价值或实用价值的礼物。

（4）送礼要考虑时间（机会）场合。节日、纪念日或外出旅游归来带些物美价廉的纪念品、地方特产给友人等，都是送礼的好时机。在我国送礼不宜在人多的场所。

（5）要考虑到礼品的包装。精美的包装，本身就意味着对受礼者的尊重。给外宾送礼物要谨慎选择，尊重不同国家的风俗习惯，坚持不送触犯外宾习俗的礼品；不送过于昂贵和过于廉价的物品；不送印有广告的物品；不送药品与补品；不送使异性产生误会的物品。

（6）一般情况下，接受礼品不需过分地推让，大方地、愉悦地接受礼物并适当对礼品表示赞赏、表示喜欢是对送礼者最好的回赠和安慰。

（7）拒绝馈赠礼品是失礼的。但对于以贿赂为目的、带有浓厚功利色彩的馈赠，是一种丑恶的社会现象，是败坏社会风气的腐败现象，我们应该坚决拒绝和抵制。

■ 相关链接

一、“千里送鹅毛”的典故

唐朝贞观年间，西域回纥国是大唐的藩国。一次，回纥国为了表示对大唐的友好，便派使者缅伯高带了一批珍奇异宝去拜见唐王。在这批贡物中，最珍贵的要数一只罕见的珍禽——白天鹅。缅伯高最担心的也是这只白天鹅，万一有个三长两短，可怎么向国王交待呢？所以，一路上，他亲自给白天鹅喂水喂食，一刻也不敢怠慢。

这天，缅伯高来到沔阳河边，只见白天鹅伸长脖子，张着嘴巴，吃力地喘息着，缅伯高心中不忍，便打开笼子，把白天鹅带到水边让它喝了个痛快。谁知白天鹅喝足了水，合颈一扇翅膀，“扑喇喇”一声飞上了天！缅伯高向前一扑，只拔下几根羽毛，却没能抓住白天鹅，眼睁睁看着它飞得无影无踪，一时间，缅伯高捧着几根雪白的鹅毛，直愣愣地发呆，脑子里来来回回地想着一个问题：“怎么办？进贡吗？拿什么去见唐太宗呢？

回去吗？又怎敢去见回纥国王呢！”思前想后，缅伯高决定继续东行，他拿出一块洁白的绸子，小心翼翼地把鹅毛包好，又在绸子上题了一首诗：“天鹅贡唐朝，山重路更遥。沔阳河失宝，回纥情难抛。上奉唐天子，请罪缅伯高，礼轻人意重，千里送鹅毛！”

缅伯高带着珠宝和鹅毛，披星戴月，不辞劳苦，不久就到了长安。唐太宗接见了缅伯高，缅伯高献上鹅毛。唐太宗看了那首诗，又听了缅伯高的诉说，非但没有怪罪他，反而觉得缅伯高忠诚老实，不辱使命，就重重地赏赐了他。

这便是“千里送鹅毛，礼轻情意重”的原史，现在用它来表示“虽然我送的礼物不贵重，但我对你的情意却很深厚”的意思。

二、送礼建议

生日：鲜花、糖果、书籍、影集、日记本、小巧的皮革制品、围巾，各种手工艺品，还可以自制一些小玩意。

结婚：家庭生活用品。

旅行归来：旅行地独特的土产品和手工艺品，印制精美的旅行地风光明信片、自己拍摄的风景照。

■ 习题

一、案例分析

2005年4月29日，连战访问北京大学，获得一份特殊的礼物：母亲赵兰坤女士在76年前毕业于燕京大学的学籍档案和相片，其中包括在宗教系就读的档案、高中推荐信、入学登记表、成绩单等，大多是她亲笔写的字。在这份特殊的礼物面前，一贯严谨的连战先生也难掩内心的激动。他高举起母亲年轻的照片，然后又放在面前细细端详，眼里泛着晶莹的泪光。这一刻，他满脸都是幸福的微笑。

讨论题

请结合礼物的选择原则谈谈这次礼物赠送的成功之处。

二、简答题

1. 远在异地旅游的父母要你代他们去看望正在本地出差的一位长辈，你该做哪些准备（假设这位长辈是你从未见过的）？

2. 你单位的同事（异性，未婚）过生日，他（她）请你参加生日派对，你准备送什么礼物？

3. 假如在母亲节时你想给自己的母亲送上鲜花，请问在赠送前应做好哪些准备事项？

第4节　餐饮礼仪

■ 案例

一天傍晚，巴黎的一家餐馆来了一群中国人，老板安排了一位中国侍者为他们服务，交谈中得知他们是东北某县的一个考察团，今天刚到巴黎。随后侍者向他们介绍了一些法国菜，他们不问贵贱，主菜配菜一下子点了几十道，侍者担心他们吃不完，何况菜价不菲，但他们并不在乎。点完菜，他们开始四处拍照，竞相和服务小姐合影，甚至跑到门外一辆凯迪拉克汽车前面频频留影，还不停地大声说笑，用餐时杯盘刀叉的撞声，乃至嘴巴咀嚼食物的声音，始终不绝于耳，一会儿便搞得杯盘狼藉，桌子、地毯上到处是油渍和污秽。坐在附近的一位先生忍无可忍，向店方提出抗议，要求他们马上停止喧闹，否则就要求换座位。侍者把客人的抗议转述给他们，他们立刻安静了。看得出来，他们非常尴尬。

■ 理论知识

一、中餐礼仪

（一）座次安排

正式宴会一般都事先安排座次，以便参加宴会者入席时井然有序，同时也是对客人的一种礼貌，非正式的宴会不必提前安排座次，但通常就坐也要有上下之分。安排座位时应考虑以下几点：一是以主人的位置为中心。如有女主人参加，则以主人和女主人为中心，以靠近主人者为上，依次排列。二是要把主宾和夫人安排在最主要的位置。通常是以右为上，即主人的右手是最主要的位置。离门最远的、面对着门的位置是上座，离门最近的、背对着门的位置是下座，上座的右边是第一号位，左边是第三号位，依此类推。三是在遵从礼宾次序的前提下，尽可能使相邻者便于交谈。四是主人方面的陪客应尽可能插在客人之间，以便与客人交谈，避免自己人坐在一起。

（二）宾主礼仪

1. 主人的礼仪

宴会的成功有赖于主人的热情好客、慷慨招待和细致周到的组织安排。从礼节上讲，主人的职责是使每一位来宾都感到主人对自己的欢迎之意。主人举办宴请，无论是中餐还是西餐，无论是出于什么原因和目的，都应提前对客人发出口头或书面邀请，并依照客人的习惯、特点安排好请客时间、地点等事宜。礼仪性宴请礼节更隆重讲究。在宴会开始前，主人应该站立门前笑迎宾客，晚辈在前，长辈居后。对每一位来宾，要依次招呼，待客人大部分到齐之后，再回到宴会场所中来，分别跟客人打招呼、应酬（家庭便宴比较随便，主人不一定在门口迎客，可在客人到达时趋前握手招呼）。主人对宾客必须热诚恳切，一视同仁，不可只注意应酬一两个客人忽略了别的客人。入席前，烟、茶不可全部假手他人或服务员代劳递送，主人应尽可能地亲自递烟倒茶。上菜后，主人要先向客人敬酒，说一些感谢光临的客气话。此后每一道菜上来，都要先举杯邀饮，然后请客"起筷"。要照顾到客人的用餐方便，及时调换菜点或转动餐台。遇到有特殊口味的客人要及时调换菜点。席散后，主人要到门口，恭送客人离去。对那些在宴请中照顾不多的客人，应说几句抱歉和感谢之类的话。对走在后面的客人，可略为寒暄几句。

2. 做客礼仪

（1）赴宴前的准备。

赴宴前，应注意仪表整洁，穿戴大方，最好稍作打扮。忌穿工作服，满脸倦容或一身灰尘。为此，进行一番洗理、一番化妆是很有必要的。男士要刮净胡须，如有时间还应理发。注意鞋子是否干净、光亮，袜子是否有臭味，以免临时尴尬。

赴宴要遵守约定的时间，既不要太早，显得急于进餐，也不能迟到。最好事先探询一下，可依据请柬注明的时间，稍微提前一点。如果你与主人关系密切，则不妨早点到达，以帮助主人招待宾客，或做些准备工作。

当你抵达宴请地点时，首先跟主人握手、问候致意。对其他客人，无论相识与否，都要笑脸相迎，点头致意，或握手寒暄，互相问好；对长辈要主动让座请安；对小孩则应多加关照。万一迟到，在你坐下之前，应先向所有客人微笑打招呼，同时说声抱歉。

（2）就座。

就座后，坐姿应端正不僵硬，上身轻靠椅背。不要用手托腮或将双臂肘放在桌上。

不要随意摆弄餐具和餐巾，要避免一些不合礼仪的举止体态，如随意脱下上衣、摘掉领带、卷起衣袖；说话时比比划划、频频离席或挪动座椅；头枕椅背打哈欠、伸懒腰、揉眼睛、搔头发等。

（3）点菜。

如果主人安排好了菜，客人就不要再点菜了。如果你参加一个尚未安排好菜的宴会，就要注意点菜的礼节。点菜时，不要选择太贵的菜，同时也不宜点太便宜的菜，太便宜了，主人反而不高兴，认为你看不起他，如果最便宜的菜恰是你真心喜欢的菜，那就要想办法尽量说得委婉一些。

（4）进餐。

不要在饭店里擦拭餐桌上的器皿。如果你发现桌上的餐具不干净，招呼来侍者并要求他们换干净的餐具。

进餐时举止要文明礼貌，“不马食，不牛饮，不虎咽，不鲸吞，嚼食物，不出声，嘴唇边，不留痕，骨与秽，莫乱扔。”面对一桌子美味佳肴，不要急于动筷子，须等主人动筷说“请”之后你才能动筷子。主人举杯示意开始，客人才能用餐。

酒量还能够承受，对主人敬的第一杯酒应喝干。同席的客人可以相互劝酒，但不可以任何方式强迫对方喝酒，否则是失礼。自己不愿或不能喝酒时，可以谢绝。

夹菜时，一是使用公筷；二是夹菜适量，不要取得过多，吃不了剩下不好；三是在自己跟前取菜，不要伸长胳膊去夹远处的菜；四是不能用筷子随意翻动盘中的菜；五是遇到自己不喜欢吃的菜，可很少地夹一点，放在盘中，不要吃掉，当这道菜再传到你面前时，你就可以借口盘中的菜还没有吃完，而不再夹这道菜，最后你应将盘中的菜全部吃净。

进食时尽可能不咳嗽、打喷嚏、打呵欠、擤鼻涕，万一不能抑制，要用手帕、餐巾纸遮挡口鼻，转身，脸侧向一方，低头尽量压低声音。

如果你是一位女士，出于对主人餐巾的考虑，不要在用餐之前涂上太多的口红，而且在杯子或银器的边缘沾上口红也很不雅观。在拿起杯子时不要翘起手指。不要把勺子留在杯子里。不仅因为那样看上去不雅观，而且也可能导致意外。

参加宴会最好不要中途离去。万不得已时应向同桌的人说声对不起，同时还要郑重地向主人道歉，说明原委。吃完之后，应该等大家都放下筷子，主人示意可以散席后，才能离座。宴会完毕，你可以依次走到主人面前，握手并说声“谢谢”，向主人告辞，但不要拉着主人的手不停地说话，以免妨碍主人送其他客人。

（5）用餐要文雅。

吃相要文雅，一次把食物切下一块或几块。切一块吃一块，之后再切另一块。吃的时候应闭嘴细嚼慢咽，不要发出咀嚼声和舐咂嘴的声音，或在吞咽和咀嚼时弄出其他的噪声。

进餐过程中吃到鱼刺、肉骨之类，可用餐巾或手掩口，用筷取出放在盘碟里，不可直接外吐。鱼刺、肉骨、果核、用过的牙签和餐巾纸等物，不能直接堆置在桌上，应搁在放残渣的盘碟内。

不要在谈话过程中挥舞着盛有食物的勺子或叉子。剔牙时，要以手遮口。不能用筷子代替牙签剔齿缝。

（三）其他礼仪

1. 筷子的用法

筷子虽然用起来简单、方便，但也有很多规矩。比如，不能举着筷子和别人说话，说话时要把筷子放到筷架上，或将筷子并齐放在饭碗旁边。不能用筷子去推饭碗、菜碟，不要用筷子去叉馒头或别的食品。其他用筷忌讳还有：忌舔筷——忌不要用舌头去舔筷子上的附着物；忌迷筷——忌举着筷子却不知道夹什么，在菜碟间来回游移，更不能用筷子拨盘子里的菜；忌泪筷——忌夹菜时滴滴答答流着菜汁，应该拿着小碟，先把菜夹到小碟里再端过来；忌移筷——忌刚夹了这盘里的菜，又去夹那盘里的菜，应该吃完之后再夹另一盘菜；忌敲筷——敲筷子是对主人的不尊重。另外，筷子通常应摆放在碗的旁边，不能放在碗上。在用餐时如需临时离开，应把筷子轻轻放在桌子上碗的旁边，切不可插在饭碗里。现在有些宴席实行公筷母匙，那么，你就要记住不能用个人独用的筷子、汤匙给别人夹菜、舀汤。

2. 餐巾的用法

如今很多餐厅都为顾客准备了餐巾，通常，要等坐在上座的尊者拿起餐巾后，你才可以取出平铺在腿上，动作要小，不要像斗牛似的在空中抖开。餐巾很大时可以叠起来使用，不要将餐巾别在领上或背心上。餐巾的主要作用是防止食物落在衣服上，所以只能用餐巾的一角来印一印嘴唇，不能拿整块餐巾擦脸、擤鼻涕，也不要用餐巾来擦餐具。如果你是暂时离开座位，请将餐巾叠放在椅背或椅子扶手上。用完餐，将餐巾叠一下放在桌子上，可千万别揉成一团“弃”在那儿，好像一朵被摧残过的花朵。

3. 茶饮的用法

一般餐桌上会为每位用餐者准备茶水饮料和酒水，通常茶水饮料、酒水在右侧，饮用时尽量不要用错。

4. 斟酒上菜的做法

作为主人（特别是陪同人员），宴会进行期间可为客人斟酒、上菜，应该从客人左侧上菜，从客人右侧斟酒。

（四） 自助餐礼仪

自助餐的特点是不设固定席位，可以任选座位，站着也行，形式活泼，便于彼此交流。菜肴、食品连同餐具都摆设在桌上，任由客人自取，喜欢什么，量的大小，完全自主。在这种场合也要注意礼仪。一次不宜取太多的食物，不够可以再添，以免让别人笑话自己没吃过东西、没见过世面，如果吃剩下一堆，就更失礼了。另外，要把骨头、鱼刺等拨到盘子一边。吃完自助餐，不能将食物带出餐厅。

二、西餐礼仪

1. 西餐座位的排列

西餐座位比较讲究礼仪，非正式宴会座位遵守女士优先的原则，即男士主动为女士移动椅子让女士先坐，坐右座、靠墙靠里坐。不管正式宴会还是非正式宴会，入座或离座均应从座椅的左侧走为宜（当然左侧入座不方便也可以从右侧入座）。正式宴会以国际惯例为依据，桌次的高低依距离主桌位置的远近而定，右高左低，桌次较多时一般摆放桌次牌。吃西餐均使用长桌，同一桌上座位的高低以距主人座位的远近而定。西方习俗是男女交叉安排，以女主人的座位为准，主宾坐在女主人的右上方，主宾夫人坐在男主人的右上方；在我国则依据传统，主宾坐在男主人的右上方，主宾夫人坐在女主人的右上方。不管是参加中式还是西式正式宴会，都要找准自己的位置，不可贸然入座。

2. 餐具的使用

西餐宴席上使用的餐具主要是刀、叉、匙、盘、杯等。一般是左手拿叉，右手拿刀。拿叉的姿势是：用左手拇指、食指、中指拿住叉。拿刀的姿势是：用右手食指压在刀背上以出力，其余手指拿住刀把。用刀、叉和匙时，要从最外面开始，一道一道菜往里拿。西餐一般讲究吃不同的菜用不同的刀叉，饮不同的酒用不同的酒杯，吃完一道菜将刀叉并列放在盘子的右边。不要举着刀叉和别人说话，不能发出刀叉相碰的声音。如果你暂时不会用西式餐具也没关系，跟着主人或他人做就行了。

3. 用餐方法

吃肉类时有两种方式：一是边割边吃；一是先把肉块（如牛排）切好，然后把刀子放在食盘的右侧，单用叉子取食。前者是欧洲的古老习惯，后者则是美式的吃法，一般以前者比较正式。吃鱼时，应从鱼的中间切开，把肉拨到两边取掉鱼刺鱼骨，慢慢食用。肉饼、煎蛋、沙拉，都不用刀只用叉。肉盘内的肉汁，可用面包蘸着吃。面包应用手指掰成小块食之。炸薯片、炸肉片、普通三明治等食物，跟面包一样，用手取食。取食时，仅限于用拇指和食指拈取，食后用摆在面前的小手巾拭手。吃甜点可用叉或匙。喝汤时，用匙进食。握匙的正确姿势为：用大拇指按住匙的把，其他手指轻轻托住另一边。舀汤时，应从盘子里面向外舀，盘中汤不多时，千万不可端起汤盘吮吸，而应用左手将汤盘微微外倾，用匙舀尽。吃梨、苹果不要整只去咬，而应用水果刀将水果切成四至六块，剜去果心，用手拿着一块一块吃。吃香蕉则剥皮后整只放在盘子里，用刀、叉切开，一块一块吃。吃橘子时应用手把皮剥掉，一片一片地掰开吃。用餐过程中自己够不着的调味等物，可以请别人帮忙递过来，我们也可应别人要求传递给他们，传递要用右手。进食时，骨头、肉屑、果皮等，可放在食盘的右角。果核则吐在餐巾纸里，不可随便抛在桌上或地上。若有事暂时离开，请将餐巾放在椅子上，把刀叉摆成八字，居中放在盘上。用餐完毕，将刀叉并列，靠右侧放在盘上。席中在鸡、龙虾或西式全部菜点上完后，便是咖啡和茶。喝咖啡和茶的方式是用小茶匙搅拌放糖，搅匀后仍将茶匙放回原处再喝（茶匙不能放在茶杯里），喝时，右手拿杯把，左手端杯托碟。请记住喝咖啡、茶或汤一定要端起杯子找嘴，不要俯身去用嘴迁就杯子。喝完咖啡和茶宴会就该结束了，客人可以开始告辞。

4. 西餐其他礼仪

（1）参加正式西式宴会一定注意服饰、仪容仪表符合礼仪要求，用餐姿势优美大方，坐姿端庄稳重，挺直腰板，不要跷二郎腿，手放在膝盖上，不要把胳膊支在桌子上。不要随便脱上衣、松领带或挽袖子。

（2）吃西餐时，不能拒绝对方的敬酒，即使自己不会喝酒，也要端起酒杯回敬对方，否则是一种不礼貌的行为。吃西餐饮酒忌讳举杯一饮而尽，文雅的饮酒是懂得品评酒的色、香、味，慢慢品味。在西餐宴席上往往是敬酒不劝酒，即使是劝酒也只是点到为止。

（3）吃西餐应特别注意水盂的使用，弄不好会闹出笑话。凡是上一道用手取的食品，如鸡、龙虾、水果等，通常会同时送上一个水盂，（铜盆、水晶玻璃缸、瓷碗），水上飘有玫瑰花瓣或柠檬片，但它不是饮料，而是西餐讲究的洗指碗，置于左上方，把手浸入水中，轻轻洗一下，然后用餐巾擦干净。

■ 相关链接

日本有个叫清水龟之助的邮差。每天他都一大早就出门，用自行车驮着报刊和邮件穿梭于大街小巷。邮差是一份辛苦的工作，而且收入微薄，很少有人将其作为一生的职业。但清水龟之助一干就是 25 年，成为日本屈指可数的老邮差。凡是接受过清水龟之助服务的居民都十分喜欢他，因为他每天都很快乐，居民们从他手中拿到信件和报刊的时候，也得到一份他带来的由衷的快乐。

日本有一项国家级的奖项，叫“终身成就奖”。以前得到这个奖项的大都是社会精英，这一年政府却将其颁给了清水龟之助。有人对一个邮差获此大奖感到不解。但是，在得知清水龟之助的事迹后，他们改变了看法。很多人认为：经济界人士给民众带来富裕，清水龟之助则给民众带来了快乐，而快乐是无法用金钱购买的。

在一次访谈中，记者问清水龟之助为什么会这样快乐地干一份如此枯燥的工作。清水龟之助讲了一个故事：一个孩子随母亲到寺庙去进香，看到老和尚在洗鲜桃，孩子站住了不想走。老和尚便把洗好的桃子递给孩子，但母亲不让孩子伸手，并对老和尚说："师父还是自己留着吧，这桃子若是给了他，你就少了一个！"老和尚听后便笑了："我少吃一个桃子，但多了一个人吃桃的快乐。"老和尚把鲜桃塞到孩子的手中，飘然而去。

清水龟之助说，那个孩子就是他自己，从此以后，他就知道快乐是可以互相传递的。他最初做邮差时很苦恼，但他不想把自己的苦恼传染给别人，因此始终在工作时露出笑脸。他看到那么多人在接到信件时露出微笑，那份快乐又传递给了自己，他觉得自己的工作是很有意义的。访谈播出后，那段精彩对话好评如潮。人们后来就把清水龟之助称做"传递快乐的人"。

■ 习题

1. 喝咖啡有哪些礼仪？
2. 吃水果时有什么礼仪？

素质包括了职业人必备的思想、知识、技巧等素质。一个人在社会中扮演什么角色，
]环境中体现什么身份，都需要准确定位，然后根据要求设计自己的仪态、表情、行
、服饰、谈吐以及待人接物的方法。职业形象塑造是一个综合的范畴，强调仪容仪
言谈吐和行为举止的整体和谐，它要求职业者能够娴熟地掌握

社交礼仪，通过语音、举止、姿势、动作等传递自信、昂扬、妩媚、潇洒、优雅等多种信息，形成有文化、有内涵的职业形象，以一定的、约定俗成的程序、方式来表现律己、敬人的过程。

心灵美和仪表美不是对立的，而是不可分割的，只有它们互为表里，相得益彰，才是完善的美。

第6章 社交礼仪

第1节 名片礼仪

■ 案例

据史料记载，1950年1月，根据毛泽东主席关于新中国外交队伍“另起炉灶”的指示，政务院总理兼外交部长周恩来亲自挑选了10位军队干部从事外交工作。5月8日，国家主席毛泽东发布了有关任命，彭明治被任命为驻波兰大使。

1950年6月28日，周总理陪同毛主席专门接见了彭明治等10位大使。说到外交工作，总理拿出一沓毛主席和他的名片对彭明治说：“外交无小事，带上它工作方便，需要找波兰领导人时就把我和毛主席的名片交给他们。”彭明治郑重地接过那些米黄色的布纹纸名片，看得格外仔细。这时，身边的一位同志冒出一句：“这名片不就是介绍信嘛！”引得大家笑起来。

■ 理论知识

在国际交往中，没有名片的人，将被视为没有社会地位的人。一个不随身携带名片的人，是个不懂得尊重别人的人。

一、名片制作礼仪

名片在制作上，讲三个“不”。第一，名片不随意涂改。在国际交往中，名片如脸面，脸面是不改的。第二，不提供私宅电话。涉外礼仪讲究保护个人隐私。第三，不提供两个以上的头衔。倘若一个名片上给的头衔过多，有三心二意、用心不专、蒙人之嫌。所以很多外国人，他身上会有好几种名片，对不同的交往对象，使用不同的名片。

二、名片放置礼仪

一般说来，把自己的名片放于容易拿出的地方，不要将它与杂物混在一起，以免要用时手忙脚乱，甚至拿不出来。若穿西装，宜将名片置于左上方口袋；若有手提包，可放于包内伸手可得的部位。

不要把名片放在皮夹内，工作证内，甚至裤袋内，这是一种很失礼的行为。另外，不要把别人的名片与自己的名片放在一起，否则，一旦慌乱中误将他人的名片当做自己的名片送给对方，这是非常糟糕的。

三、名片使用礼仪

（1）递名片时应用双手拇指和食指执名片两角，让文字正面朝向对方，接名片时要用双手，并认真看一遍上面的内容。

（2）初次见到顾客，首先要以亲切态度打招呼，并报上自己的公司名称，然后将名片递给对方；如果是事先约好才去的，顾客已对你有一定了解，或有人介绍，就可以在打招呼后直接面谈，在面谈过程中或临别时，再拿出名片递给对方，以加深印象，并表示保持联络的诚意。

（3）异地推销，名片上留下所住旅馆名称、电话，对方递给名片时，应该用左手接。但是右手立刻伸出来，两手一起拿着名片，接过后要点头致谢，不要立即收起来，也不应随意玩弄和摆放，而是认真读一遍，要注意对方的姓名、职务、职称，并轻读不出声，以示敬重。对没有把握念对的姓名，可以请教一下对方，然后将名片放入自己的口袋或手提包、名片夹中。

（4）参加会议时，应该在会前或会后交换名片，不要在会中擅自与别人交换名片。

四、名片的其他用途

（1）去拜访顾客时，对方不在，可将名片留下，顾客来后看到名片，就知道你来过了。

（2）把注有时间、地点的名片装入信封发出，可以代表正规请柬，又比口头或电话邀请显得正式。

（3）向顾客赠送小礼物，如让人转交，则随带名片一张，附几句恭贺之词，无形中关系又深了一层。

（4）熟悉的顾客家中发生了大事，不便当面致意，寄出名片一张，省时省事，又不失礼。

■ 相关链接

关怀如细腻的钥匙能进入别人的心。

一把坚实的大锁挂在大门上，一根铁棒费了九牛二虎之力还是无法将它撬开。钥匙来了，它瘦小的身子进入锁孔，只轻轻一转，大锁就“啪”的一声打开了。铁棒奇怪地问：“为什么我费了那么大力气也打不开，而你却轻而易举地就把它打开了呢?”钥匙说：“因为我对它的心。”

■ 习题（案例分析）

2005 年 4 月，广州商品交易会上各方厂家云集，企业家们济济一堂。华新公司的徐总经理在交易会上听说伟业集团的崔董事长也来了，想利用这个机会认识这位素未谋面又久仰大名的商界名人。午餐会上他们终于见面了，徐总彬彬有礼地走上前去，“崔董事长，您好，我是华新公司的总经理，我叫徐刚，这是我的名片。”说着，便从随身带的公文包里拿出名片，递给了对方。崔董事长显然还沉浸在之前的与人谈话中，他顺手接过徐刚的名片，回应了一句“你好”并草草看过，放在了一边的桌子上。委屈的徐总在一旁等了一会儿，并未见这位崔董有交换名片的意思，便失望地走开了。

讨论题

1. 你认为双方问题出在哪里?
2. 如果你是徐总的话，你会如何做?

第 2 节　握手礼仪

■ 案例

某商务咨询公司面试不足 10 分钟，26 岁的徐小姐就从众多应聘者中脱颖而出，轻松胜任“项目策划及执行经理”一职。“似乎没问什么专业问题，就像很轻松的聊天”，徐小姐这样形容刚刚经历的面试过程。而主考官却写下了这样的评语：“面试开始与结束时的两次握手，简短、有力，表现得诚恳且专业。”

理论知识

一、握手场合

握手是最常见的一种见面礼和告别礼。有时在一些特殊场合，如向人表示祝贺、感谢或慰问时，双方交谈中出现了令人满意的共同点时，或双方原先的矛盾出现了某种良好的转机或彻底和解时，习惯上也以握手为礼。

二、握手礼仪

（1）握手时，距离受礼者约一步，上身稍向前倾，两足立正，伸出右手，四指并拢，拇指张开，手掌与地面处于垂直状态。

（2）握手时应伸出右手（除非右手受伤），不能伸出左手与人相握。不要在嚼着口香糖的情况下与别人握手。

（3）握手前，男子应脱下手套，摘下帽子。女子的戒指如果戴在手套外边，可不脱，否则也应脱下手套与人握手。按国际惯例，身穿军服的军人可以戴手套与人握手。伸出去的手最好不要是湿的或脏的，否则会给对方以不舒服、不愉快的感觉。

（4）握手时要坚定有力，体现你的信心和热情。同时双目注视对方，微笑、问候、致意，不要看第三者或显得心不在焉。

（6）握手时间应当长短适宜，一般以三五秒钟为好。如果要表示自己的真诚和热烈，也可较长时间握手，并上下摇晃几下。

（7）长辈与晚辈之间，长辈伸手后，晚辈才能伸手相握；上下级之间，上级伸手后，下级才能接握；主人与客人之间，主人宜主动伸手；男女之间，女方伸手后，男方才能伸手相握；当然，如果男方为长者，则遵照前面所说的方法。女士不伸手或无握手之意，男士点头、鞠躬致意即可。

（7）交际时如果人数较多，可只握相近几个人的手，向其他人点头示意，或微微鞠躬。

■ 相关链接

一个真实的故事：一天，王先生开车去购物，在繁忙的停车场里，好不容易看到有一辆车要离去，于是，他打了转向灯，示意在等待这个车位，并让出足够的空间方便那辆车退离。这时候，对面开来另一辆车，对方无视正在等候车位的王先生，马上抢先把车对着那个车位。王先生把车窗摇下，友善地表示他是先等候车位的，但是，对方并不理会，并且理直气壮地把车停泊在那位子上。那个驾驶者下车后，还有点沾沾自喜的样子。与该驾驶者同行的一位女子还对王先生说："你应该让你那位下车占位子!"停车还要先找人去占位子？打灯不就已经示意我们正要准备停泊了吗？王太太当时百思不解，毕竟她从国外回到北京还不到一个月的时间。

■ 习题

一、问答题

握手有哪些禁忌？

二、案例分析

郑瑞是某单位的经理，有一天，他被邀请参加一场晚宴，此次晚宴规模巨大，聚集了职场上的成功人士。在宴会上，郑瑞被朋友介绍给一位曹女士。为了表示自己的友好，他先把手伸出去了，可是那位曹女士居然没有反应，还在与一旁的朋友说说笑笑。郑瑞觉得非常尴尬，手不能再缩回去了，撑了大概 20 多秒，那位女士还是不配合，后来他一着急说："蚊子!"转手去打莫须有的蚊子。这种场面让周围的人都不禁捏了把冷汗。郑瑞也是满脸通红地离开了。

讨论题

郑瑞的尴尬是由什么引起的？

第3节 舞会礼仪

■ 案例

小张是一位很帅气的小伙子，穿着很讲时髦。一次，他买了一件很漂亮的大衣，正好周末本单位要举行舞会，他便来到会场，只见人们都在翩翩起舞，小张兴致很浓，便邀请一位在座位里休息的女士跳舞，那位女士看了他一眼，很礼貌地拒绝了他，接着小张又邀请了两位女士跳舞，结果均被拒绝。这时，一位朋友来到小张身边，拍拍他说："小张，不能穿着大衣邀请女士跳舞，这是不礼貌的。"小张这才明白刚才为什么被拒绝。

■ 理论知识

一、舞会着装要求

（一）一般舞会

选择与舞会的氛围协调一致的服装，整洁大方，宽松有度即可。女士最好穿便于舞动的裙装或旗袍，搭配色彩协调的高跟皮鞋。作为男士，一定要头发干净，衣着整洁。可以穿深色西装，如果是夏季，可以穿淡色的衬衣，打领带，最好穿长袖衬衣。

（二）隆重的大型舞会

（1）如果应邀参加的是大型正规的舞会或有外宾参加舞会，请柬会注明：请着礼服。接到这样的请柬一定要提早作准备，女士在正式的场合要穿晚礼服。晚礼服源自法国，法语是"袒胸露背"的意思。有条件经常参加盛大晚会的女士应该准备晚礼服，偶尔用一次的可以向婚纱店租借。近年也有人穿旗袍改良的晚礼服，既有中国的民族特色，又端庄典雅，适合中国女性的气质。

（2）小手袋是晚礼服的必需配饰。手袋的装饰作用非常重要，缎子或丝绸做的小手袋必不可少。

（3）晚礼服一定要佩戴首饰。露肤的晚礼服一定要佩戴成套的首饰：

项链、耳环、手镯。晚礼服是盛装，因此最好要佩戴贵重的珠宝首饰，在灯光的照耀下，首饰的闪光会为你增添光彩。

二、舞会礼节

（1）参加以社交为目的的交际舞会，应带上异性舞伴，第一首曲子应该和自己带去的舞伴跳。结伴而来的一对男女，只要一同跳第一支舞曲就可以了。从第二支曲子开始，大家应该有意识地交换舞伴，认识更多的朋友。

（2）参加舞会前不吃气味大的食品。脸部朝正前方保持微笑，神态自若，声音轻细，给人以美感。

（3）跳舞时要保持良好的风度和正确的舞姿。整个身体要始终保持平、正、直、稳。男方的右手应在女方腰部正中（略高于腰部），左手轻托舞伴的右掌，双方距离两拳。进退移动，都要掌握好身体的重心，不要让身体左右摇晃，胳膊不要大幅度上下摆动。

（4）一曲舞毕，要向对方致谢，并把舞伴送到原来的位子上。中间休息时，不要乱扔果皮纸屑，不宜高声谈笑，随意喧哗。

（5）根据国际惯例，两位男士共舞等于宣告他们不愿意邀请在场的任何一位女性，无形中表明他们是同性恋关系。两位女士也应尽量不共舞，尤其是在有外宾的情况下或在国外的舞会上。

（6）女士面对两位或者两位以上的邀请者时，最能顾全他们面子的做法，是全部委婉的谢绝。要是两位男士一前一后走过来邀请，则可以按“先来后到”为顺序，接受先到者的邀请，同时诚恳地对后面的人说：“很抱歉，下一次吧。”并要尽量兑现自己的承诺。

（7）舞会是通过跳舞交友、会友的场合，所以在舞会上女士不能轻易拒绝他人的邀请。如要拒绝，一定要注意分寸和礼貌用语，要委婉地表达。女士邀男士，男士不可拒绝。

■ 相关链接

有个老木匠准备退休，他告诉老板，说要离开建筑行业，回家与妻子儿女享受天伦之乐。

老板舍不得他的好工人走，问他是否能帮忙再建一座房子，老木匠说可以。但是大家后来都看得出来，他的心已不在工作上，他用的是软料，出的是粗活。房子建好的时候，老板把大门的钥匙递给他。“这是你的房子”，老板说，“是我送给你的礼物。”他震惊得目瞪口呆，羞愧得无地自容。如果他早知道是在给自己建房子，他怎么会这样呢？现在他得住在一幢粗制滥造的房子里！

我们又何尝不是这样。我们漫不经心地“建造”自己的生活，不是积极行动，而是消极应付，凡事不肯精益求精，在关键时刻不能尽最大努力。等我们惊觉自己的处境时，早已深困在自己建造的“房子”里了。

把你当成那个木匠吧，想想你的房子，每天你敲进去一颗钉，加上去一块板，或者竖起一面墙，用你的智慧好好建造吧！你的生活是你一生唯一的创造，不能抹平重建，即使只有一天可活，那一天也要活得优美、高贵，墙上的铭牌上写着：“生活是自己创造的。”

■ 习题

你知道哪些舞会禁忌？

第4节　观看演出时的礼仪

■ 案例

前不久，朋友临时有事不能去东方艺术中心观看德累斯顿国家交响乐团演出，他将票给了我，虽然我很少观看外国乐团的演出，但早就耳闻观看这类演出时规矩蛮多，弄不好易出“洋相”。

进场后，我发现每个座位上都放着一张印有注意事项的卡片，为了让匆匆进场的听众有时间看一看这张卡片，音乐会特意延迟了3分钟开始，序曲响起后，有两分钟时间让听众在服务员的引导下马上就座。如果迟到的听众也不用着急，可以在场外看着转播音乐会实况的屏幕耐心等待，因为音乐会进行时，每一部作品的乐章长短，都清清楚楚地显示在舞台两侧的显示屏上，并且不断提醒观众“请勿摄影拍照”、“乐章之间请勿鼓掌”……在这些细致入微的提醒和关照中，即使第一次走进音乐厅的听众也会马上知道自己应该如何遵守音乐会的秩序，如何做到文明欣赏。打造完美的音乐会，需要听众、乐团和剧场几方的努力。应该说，东方艺术中心已经为此开了一个好头。德累斯顿国家交响乐团在离沪前，一批演职人员特地再次到东方艺术中心，穿着正装在大门口合影留念，因为他们感到在这里的演出印象深刻，观众的文明素质确保了演出的圆满成功。

■ 理论知识

一、凭票入场

（1）所有演出场所，均不准携带猫、狗一类的宠物入场；有的重要演出，还规定不准学龄前儿童或未成年人入场。

（2）观看演出，既是为了娱乐，也是为了使自己受到教育。所以在任何情况下，都不准观看黄色、下流、反动或其他违反我国法律、法规的文艺演出。

（3）若邀请他人与自己一同观看演出，应于至少一周以前通知对方，以便其早作安排。在一般情况下，请人观看演出时，入场券可由本人保管，而不必一一发至被邀请者手中。这种做法的好处是，可以保证被邀请者不至于丢失入场券。

二、穿着正装

在观看正式的演出时，比如古典的歌剧、新年音乐会等，一般应该自觉地穿正装。不要着浅色衣服出席，因为白色服饰会分散台上演员的注意力。这样做是对自己的尊重，是对其他观众的尊重，也是对演出本身和全体演职员的尊重。

（1）在观看正式的演出时，对于着装的基本要求是：干净、整洁、端庄、文明、大方。绝对不准穿背心、短裤、拖鞋，更不能打赤膊。具体而言，观看歌剧、戏剧、舞蹈、音乐或综合性文艺晚会，无论是陪同他人或应邀观看这类演出，必须着正装。若是观看流行演唱会、曲艺、杂技，普通的运动比赛，则只要遵守观看演出的着装基本要求就行了。

（2）若是前往场面隆重的去处观赏高雅的演出，则不仅要穿正装，而且要穿具有礼服性质的正装，即男士应穿深色的中山装或西装，配深色的袜子与黑色皮鞋，若打领带，则宜选黑色，并着白衬衫；女士应着单色的旗袍、连衣裙、西服套裙或礼服等，下装尽量不要穿长裤。

（3）若观看演出时携带家人同往，则不仅在着装上要合乎规范，还要注意使之与家人的着装相协调，切勿泾渭分明，对比太大。

三、尽早入场

（1）观看演出，有一项基本的规定，即演出一旦正式开始，观众便不宜再陆续入场，而应候至演出中场休息时方可再度入场，否则不仅会直接影响演出，而且也会妨碍其他观众对演出的欣赏。一般的演出场所大都提前15分钟检票，到达现场的时间大致上也应当与此相差无几。

（2）观看演出要求尽早到场，以便做好五个方面的准备。

1）会合友人。早到一些，以便在约定之处与他人会合。

2）检票入场。早到一些，排队入场。

3）寄存衣帽。若与他人一同寄存衣帽，则职位低者、主人、晚辈、年轻者、男士、未婚者，要主动协助与自己相约而来的职位高者、客人、长辈、年长者、女士、已婚者。在演出结束领取衣帽时，也是如此。

4）购节目单。购买节目单时，一般主人应为客人代劳。若可以免费领取节目单，要排队领取，并且以各取一份为限，不要哄抢或多领。

5）稍事休息。演出开始前的休息应当是在休息厅里。没有座椅，可以靠墙站立。千万不要在通道上、检票口或者衣帽间里乱站、乱蹲或是席地而坐，免得有碍其他观众通行。

四、对号入座

演出的预备铃一响，应当立刻进入演出厅，在自己的座位上对号就坐。

（1）观看文艺节目，一般以第七八排座位为最佳（外国大剧院以包厢为最好）。看电影则十五排前后（宽银幕影片更靠后一些）为好。专场演出通常把贵宾席留给主人和主要客人，其他客人可排座位，也可自由入座。如对号入座，可将座位号与请柬一道发出。

（2）进出演出厅时，应不慌不忙，依次而行。走得可以稍许快一些，免得挡道，但是不要奔跑。倘若演出厅门口人员一时过多，应当稍候片刻，不要拥挤。

（3）若有引位员主动提供服务时，可随行于其后。找到座位后，别忘了谢谢对方。

（4）若无人引位，则职位低者、主人、晚辈、年轻者、男士、未婚者，要主动替同来的职位高者、客人、长辈、年长者、女士、已婚者带路找座位。

（5）观看演出者如不明自己座位之所在，应有礼貌地向旁人打听。旁人向自己打听时，也应热情相助。对老年人或行动不便者，还应主动提供帮助。

（6）正规的演出都要对号入座，所以在寻找座位时只能以自己的入场券上的座号为目标，绝不能抱着侥幸心理去位置较好之处占座，尤其是不要去包厢、贵宾席捣乱。若他人占了自己的座位，可以有礼貌地出示入场券向其说明，或请工作人员调解，不要与对方拉扯争斗。

（7）如果自己的位置在一排中间，且其两侧已经有人就坐，那么在走向自己的目的地时，应对被自己打搅的人轻言一声“抱歉”，并且面向对方，侧身缓步而行。

（8）若与亲友一同前来观看演出，且座位有好有坏的话，应主动把好一些的座位让给别人。得到了他人的谦让，要及时表示谢意。但是一定要记住，同他人调换座位应在开演之前进行，并要两厢情愿。演出一旦开始，任何人都只能端坐不动。就坐时宜轻、宜稳，不要用力敲砸座椅。

五、交际适度

（1）在演出大厅内，不管演出是否开始，都尽量别跟熟人打招呼，更不要主动找别人聊天。双方见了面，点点头即可。演出一旦开始，任何观众不得再进行交谈，并且应当坚持一直闭口不言，到演出结束为止。

（2）如果有话要谈，可在演出开始前、中场休息时或是在演出结束后进行。在观赏演出时，不可向他人解说剧情、猜测结局或是发表观感。因为在观看演出时观众所说的任何一句话都会妨碍别人。

（3）若是遇到他人在演出期间肆意说话，我们可以适当给予他能够接受的示意。

（4）在休息厅里与别人交谈时，不要粗声大气。交谈一定要低声低语，让对方听清楚即可。

（5）夫妻或情侣一道观看演出时，举止言谈均要得体，不要放肆，不要忘了这里是公共场合，不要当众忘乎所以地进行自我表演。

（6）在观看演出时，一般不宜主动跟陌生人攀谈，更不要在这里目不转睛地打量不认识的异性，或者对其评头论足。

六、维持秩序

（1）在演出大厅内，随意走动、拍照摄像、进行通信联络、大吃大喝、吸烟、乱扔废物、更换衣衫、坐姿不雅都是被禁止的。

（2）未到演出结束，不得起立，更不能坐在座位的扶手上、椅背上或垫高座位，以免影响他人观看。

七、尊重演员

（1）每逢一个节目终了或一幕结束之后，按照惯例，应当热烈鼓掌，以示对演员的支持。

（2）在观看演出时鼓掌，只能用来表示自己为演员的精彩表演而喝彩，却万万不可反其道而行之，对演员喝倒彩、鼓倒掌，让演员下不了台，更不允许在演出时起哄、闹事、驱赶演员。

（3）有时候在观看节目的过程中，因特殊事故节目中断了，这时应坐在座位上耐心等候，不要大喊大叫或敲打椅子。

（4）对于演员的表演和节目有意见，可在演出结束之后通过适当的途径进行反映，不允许当场有过激的表示或举动，如摔打座椅、站立吼叫、向台上乱掷废弃物以及中途退场。即使是对此低声议论，发发牢骚，也是非常不礼貌的行为。

（5）在观看演出时，我们不能只为自己喜欢的演员或节目叫好，对待其他演员的表演或其他节目也要同样表示欢迎并鼓掌祝贺。

（6）对自己喜欢的演员，也要为之设身处地地着想，不要侵犯其个人空间，不要让其过于劳碌。不要像少男少女一样充当“追星族”，尾随、追逐演员，不要毫无目的地拜访演员，尤其是不要跑到后台去拜访演员或是一时忘情冲上台去拥抱演员。请演员签名、合影，要首先尊重对方的意愿，不要勉强、为难对方。

（7）有些时候，要求自己喜爱的演员加演一个节目，不算是失礼。然而此举应当适可而止，不要一而再、再而三，没完没了，既累惨了演员，又打乱了演出计划。

（8）在演出全部结束后，应当起立、鼓掌。如果演员正在台上谢幕，不能急匆匆地忙着退场。只有在演员谢幕之后，才可井然有序地退场。

■ 相关链接

两个人在森林里，遇到了一只大老虎。A 就赶紧从背后取下一双更轻便的运动鞋换上。B 急死了，骂道："你干吗呢，再换鞋也跑不过老虎啊！"A 说："我只要跑得比你快就好了。"21 世纪，没有危机感是最大的危机。电信、银行、保险，甚至是公务员这些我们以为非常稳定和有保障的企业，也会面临许多的变数。当更多的老虎来临时，我们有没有准备好自己的跑鞋呢？

■ 习题（案例分析）

一、有一次我到剧场去听一场国外某青年交响乐队演出，进场时未见有工作人员向观众发小册子，待音乐会中间休息时间，服务员才得知是有的，只是忘了发了，当工作人员从服务台底下拉出了几箱小册子时，许多观众便一哄而上，转眼间纸箱内小册子就全被"抢"完了，有些观众甚至拿了好几本，动作慢一点的老年观众只能望"册"兴叹。待音乐会散场后，这些小册子则大都被丢弃在椅子上、地上，使原本动听优雅的"乐章"留下了些许遗憾，让人感到观众缺少文明素养。

二、有一次拿了朋友的赠票去上海音乐厅看演出，是上海交响乐团的节目。刚刚坐定，旁边的听众也陆续而至。稍顷，正在观看节目单的我，被一股浓郁的大闸蟹的香气吸引，原来邻座一位女士拿出一只煮熟的大闸蟹正在享用，我以为她此举仅是观摩演出前的"热身"，想不到这项享受差不多贯穿整个演出始终。坐在她两旁包括周边的听众，都无法摆脱螃蟹的香气以及享用者发出的窸窸窣窣的声音。

讨论题

1. 上例中哪些属于观看演出的不文明行为？
2. 在高雅剧场看演出该不该吃东西？
3. 领到手里的节目单应怎样处理？

第5节 观看体育比赛时的礼仪

■ 案例

在2000年的雅典奥运会上，美国男、女4×100米接力队纷纷失利，将原本被美国人视为囊中之物的金牌送给了英国人和牙买加人。特别是美国女队更为遗憾，由于名将琼斯在交接棒时的失误，让牙买加队抢走了她们的胜利。颁奖仪式上，当他国国歌响起的时候，赛场看台上美国观众的心情非常失落，但他们没有喝倒彩，没有嘘声一片，而是挥舞着国旗并齐声鼓掌，既是对美国队员的意外失利表示安慰，同时也是在对他国运动员的成功表示由衷的祝贺。美国观众的这种“绅士”风度给大家留下了深刻的印象。

■ 理论知识

一、观赛着装

观看体育比赛的观众应当衣着整洁、举止文明。通常来说，观看体育比赛不需要穿非常正式的服装，观众可以打扮得比较休闲、轻松。但是，衣服一定要整洁。由于入场时往往要走相当长的一段路程，女士最好穿舒适的运动鞋。

此外，在观看网球、高尔夫球、台球、花样滑冰、击剑、壁球以及棋类等目前人们所公认的“绅士运动”时，要注意衣着整洁，并根据不同项目的特点进行穿着。比如，看台球比赛的穿着应当比较正式，不要穿着大背心和大短裤，这样进场观看比赛会让旁边的观众觉得你不礼貌。观看高尔夫球比赛的时候不能西装革履，也不能穿牛仔裤，最好穿棉布长裤进场。还要指出的一点是，如果是室内比赛，观众观看比赛时不要戴帽子。如果观众是戴帽子进场的，要注意进场后把帽子摘下来。同时，观众进场后不要把衣物垫在座位上。

二、准时入场

观看体育比赛应当尽量提前或准时入场。提前到场找到座位等待运动员和裁判员，是对他们的一种尊重，也是体现自己素质的重要标志。

三、排队入场

（1）进入场馆的大门口和各通道的检票口往往会因为人多而过于拥挤，这时观众应该按照顺序排队进场，遇到老弱病残者应主动礼让。

（2）在凭票入场的时候，应该主动把票证拿在手里，以方便工作人员的检查。

（3）如果是与朋友相约一起看比赛，进场过程中不要大声喧哗，发出噪声，应该保持良好的进场氛围。进场过程中，由于人比较多，最好不要吸烟和吃东西，免得烟头烫到别人或是将食品的残渣碎屑、汁液弄到旁边观众的身上。

（4）观众应该在赛前阅读观众须知，了解自己应该怎么做，提前把包存好。如果遇到在入口需要安检的比赛，要主动配合有关工作人员，接受工作人员检验，不要说怪话、发脾气。

（5）观众进场后应该对号入座。如果比赛已经开始，应就近入座，比赛中不能随意走动，待中间休息时再寻找自己的座位。

四、不要携带“违禁品”

在中国，规定了观众在观看一些运动项目的正式比赛时，不能带违禁物品入场。观众在观看比赛前最好能多了解一下比赛组织者有什么特殊的要求，或是尽量按照观看习惯少带东西，防止在观看比赛时因为带得东西不合规定而闹得不愉快，影响观看比赛的心情。

五、对手机进行设置

（1）观众在进入比赛场地后，应当先关闭随身携带的手机。如果确实有重要的事要使用手机，至少也应该将其调整到震动状态，在比赛过程、升旗仪式、开幕式和闭幕式、重要领导讲话、颁奖仪式等比较重要的场合上，观众尤其要注意手机的使用问题，最好关闭手机。

（2）一些室内比赛的项目需要安静的环境，这时任何噪声都会令选手分神，如果手机铃声不合时宜地响起，轻则让运动员分神，重则令运动员失分。如果观众确实有急事，可以用短信交流。实在不得不接的电话，也应该用手盖住手机听筒和自己的嘴，放低音量，告知打电话的人自己正在看比赛，请他过一段时间再打来。千万不要出现铃声响了半天不接或旁若无人地大声接听电话的不文明现象，更不要接到电话就慌慌张张地离席跑到外面去接电话，这样会影响到其他观众。

（3）赛场内所有的人都应自觉做到文明使用手机，包括在主席台上的贵宾以及暂时没上场的运动员和工作人员等，特别是活动组织者和新闻记者等，即便因为工作需要不得不接听或拨打手机，也要注意方式和方法，切记不可以过于招摇、随心所欲地使用手机。

六、文明观赛

（1）当有贵宾登上主席台，大会主持人向观众介绍来宾时，观众应向来宾报以热烈的掌声，以此表示本土观众的盛情。欢迎掌声的时间不要太短，也不能过长，一般应持续到来宾入席就座为止。

（2）观众在体育场馆观看比赛时，应当遵守公共场所的礼仪，不抽烟，不吃带响声的食品，不让闪光灯干扰选手比赛。爱护公共设施，不蹬踏座椅，不乱涂写刻画。由于赞助方面的原因，有些比赛不允许观众将赛场外购买的食品带入赛场。不在赛场内进餐，不仅是对运动员的尊重，也是对自己的安全负责。

（3）适时礼貌地鼓掌喝彩。观众观看体育比赛时，应热情地为双方运动员加油，即便己方运动员失利，也要给对方运动队、运动员以礼貌的致意，也要为对方的精彩表现喝彩。不要嘲讽和辱骂裁判员、运动员、教练员，不要大声喧哗，切忌起哄、吹口哨、怪声尖叫、喝倒彩、扔东西等有损国格、人格之事。

观众观看比赛时不仅要为运动员鼓掌、欢呼、叫好，更要学会配合运动员的比赛适时地进行有节奏的助威。而跑道上的项目，在起跑之前的几秒钟，观众应该保持绝对肃静。在长跑项目中，观众则应该为那些虽然落后但仍然坚持跑完全程的运动员鼓掌加油，让掌声伴着他们跑完最后一圈，并用掌声来肯定他们身上表现出的奥林匹克精神。

（4）在进行颁奖仪式时要升国旗、奏国歌，如果奏响的是本国国歌，观众应当起立，面向国旗肃立致敬，可以跟着乐曲用正常音量唱国歌。绝对不能在这个时候嬉笑打闹或者随意走动。如果升的是其他国家的国旗，奏的是其他国家的国歌，观众们也应当本着相互平等、相互尊重的原则，给予运动员应有的尊重和礼遇。不能喝倒彩、起哄、吹口哨，这些行为都是不文明的表现，有损国家和民族的尊严。

七、退场礼仪

（1）比赛结束时，观众要起立，向双方运动员鼓掌致意，这既是对运动员的尊重，也是对运动员场上表现的一种肯定。

（2）观看比赛的观众应该等待比赛完全结束后再退场。如果自己有急事要离场，应选择比赛中间休息时离场，不要在比赛进行中起身就走。

（3）离场时，观众不要过于着急地离开看台，以免人多造成拥堵。观众在退场的时候应该尽量耐心些，有序地离开。

（4）散场时观众最好将自己带来的废报纸、纸杯、塑料包装袋带走，保证场地干净整洁。

■ 相关链接

歌德说：“有一种内在的礼貌，它是同爱联系在一起的，它会在行为的外表上产生出最令人愉快的礼貌。”下文中的主人公就是一个有内在礼貌的人。

一日午时，我在街头打的，上了出租车，见驾车者是个中年男子，两鬓白发间生。“你是下岗职工吧？”我凭直觉问。“你说对了。”出租车在他的驾驭下，十分平稳。一会儿，出租车拐进了一条略略窄了些的街道上，突然，他紧急地踏了一脚制动，完成了一次大幅度的减速。我很是受了一惊，将前倾状的身体恢复后，我有些不解和不悦地问：“怎么回事？前面没有什么危险嘛！”他歉疚地连声说道：“对不起，对不起！”他快速地瞥了我一眼，又补充道：“前面50米开外是个建筑工地，看，一群民工正在路边用餐，我怕车速太快，裹挟起的灰尘呛着他们……”出租车慢慢地从民工身旁驶过，我有点不好意思。

■ 习题

看花样滑冰比赛、网球比赛、高尔夫球赛、乒乓球比赛、羽毛球比赛、击剑比赛有什么特殊礼仪要求？

第6节　聚会礼仪

■ 案例

聚会中，人人热情愉悦，你却像是去讨债似的摆了个冷脸，谁也不搭理，只是自顾自地吃吃喝喝；或是因为不擅交际，便跑到墙边当“壁花”。这都不合舞会应有的礼仪。参加聚会就是要多认识新朋友，拓展社交圈。而一个尽责的舞会主人则应该带新朋友绕场一周，让大家彼此认识；如果不擅交际，想不到有什么话题，不妨就从自己开始聊起。

■ 理论知识

一、聚会

聚会又叫派对，是指为某种被一致认可的理由，有一定关系的人根据事先预订好的时间，从四面八方来到事先预订好的地点，经过发起者与参与者共同的努力，完成事先预订好的程序。一般有四种类型，除了商务聚会，其他类型的聚会都没有什么功利性，以大家相聚在一起开心为目的。

商务聚会：有明确的商务目的，需要很正统的策划，还派生出了一个很专业的行业——活动策划。

圈子聚会：如朋友聚会、战友聚会、同学聚会、老乡聚会，或是摄影爱好者、潜水爱好者、远足爱好者等的聚会，以友谊、怀念、智慧为目的。

OFFICE 聚会和校园派对：企业内部的年末联欢会和中学、大学校园里由团委、学生会之类主办的各种联欢会、舞会，以增进感情为目的。

私人聚会：圣诞、新年、生日、结婚、添子、乔迁、升职等聚会，以交流为目的，比较自由、舒适、放松。

二、聚会基本礼仪

（一）开朗、乐观、豁达

聚会以放松、休闲为目的，应保持一种轻松、活泼的气氛，即使心中有烦闷之事亦应暂时忘却。保持聚会的良好氛围，是每个参与者的义务，若聚会中有你不认同的其他参与者，也应抱着“既来之，则安之”的原则，注意必要的礼节，不可当众发难，令主人和众人难堪。

（二）准备充分，慎重发言

讨论会和专题座谈会这类较为严肃的学术性聚会应事先准备发言提纲，考虑成熟，对提出的观点做认真的推敲，既不能无的放矢、文不对题、条理不清、离题甚远，白白浪费大家宝贵的时间；也不能为了哗众取宠，故弄玄虚，结果言不及义，或使讲话内容过分出格；更不能旁若无人，以我为中心，对他人的发言充耳不闻，甚至连讨论的问题尚未搞清，就与别人争论不休，让人耻笑。

（三）语言简练，切忌争论

发言时间要严格控制，不能话题一出去就收不回来，影响其他人发言，提出新观点应以谦虚的措辞开头，如“我个人的浅见是……”“我粗略的想法为……”对于别人发言中的不同观点和看法不一致的，应抱着“我不同意你的观点，但我誓死捍卫你保留自己观点的权力”这种乐观主义态度。尤其不能进行无谓的非学术性的口舌之争，伤及双方的面子。

（四）多听少说，多看少议

兼听则明，偏听则暗，世事百态，权作看戏，况且做一个忠实听众也是人际交往的技巧之一。

（五）新朋老友主动结识

聚会是一个最佳社交场所，在轻松的气氛中，人人心情愉快，对他人的防备心理甚低，此时应主动扩大自己的交际范围，更多地认识新朋友。同人交谈，要诚恳虚心，既要主动发表自己的见解和主张，也要善于向他人学习和请教，以开阔视野、增长知识。

（六）言行文明，举止得体

言谈讲话应注意文明，音量、音调、语速应保持适中，不可手舞足蹈、唾沫横飞。行为举止要自信，唯唯诺诺、东顾西盼也不符合礼仪要求，应保持自然，给参加者留下良好印象，赢得大家的信任。

（七）尊重女士，尊重长者

首先，语言要文明，不允许在他们面前胡言乱语，行为嚣张。不应在妇女、长者面前说“脏”字，开无聊、过头的玩笑，不准把“小妞”、“漂亮姐”、“老头儿”、“老太太”之类失敬语挂在嘴上。笑话、幽默不应带“黄”色；抽烟前应先请示同意；更不允许与妇女、长者动手动脚，打打闹闹。亲切与放肆、平等与辈分之间的界限，是永远不可忽视的。其次，与他们相处时，多一些“眼色”，要尽可能地体谅、帮助、照顾他们。行走时，应请其优先；就座时，应让其为尊；携带物品时，应为其代劳；安排活动时，应首先考虑他们的状况。

（八）体谅主人

应当设身地地多替主人着想，尽可能地对其施以援手。至少也应该做到不给主人忙中添乱，雪上加霜。

参加聚会之初，不要忘了去问候主人；在聚会举办期间，可以找机会向主人询问一下“我能做些什么?”早到者应承担起半个主人的职责，替客人续茶、递烟，帮主人运送物品，也能使自己尽快地让他人认同。

对于聚会中出现的一些不愉快，如准备不足、物品短缺、食品不佳等，切不可说三道四，对主人指手画脚。

聚会结束时，应主动问主人“我能帮一些什么忙?”在主人谢绝后，主动向他道别，表示谢意后方可离去。

三、高级聚会礼仪

（一）拍照

参加过高级聚会的人都有过这样的经历：刚进场，就有人邀请你在硕大的主题背景墙前拍照留念。拍照动作不宜过大，否则气质显得不高贵、不时尚。

（二）打招呼

如果你没有携带同伴出席派对，那么进入派对以后，第一件事就是寻找认识的目标。当你认识的人身处遥远的地方时，千万不能大声地招呼对方，应当慢慢地走到对方身边。这时，不应该用手重重地拍对方的肩膀或拉扯对方。一般来说，比较熟悉的朋友之间可以轻轻地抱一下、碰一下脸颊（太过深情的拥抱，会互相沾到彼此小礼服上的珠片）。另外，两个女生之间打招呼往往会出现夸张的姿态，除了踱小碎步以外，还会使用一些象声词，如“哇”“啊”“咿”等，这些都是不高贵、不大气的表现，在派对上应当尽量避免。

（三）坐姿

（1）为了避免出现不雅的情况，坐下时应该用手轻轻地压一下礼服裙摆的后面，使礼服处于完全平整的状态。坐下后臀部一定要安分守己地呆在一个地方，不能时不时地来回移动。

（2）另外，双腿摆放的方式也是影响美观的关键。将双腿交叉，小腿呈一边倾斜的姿势。

（四）喝香槟

（1）当碰到你口很渴，服务生却离你很远的时候，千万不能大声地叫他，一定要等服务生送过来，或自己委婉地走上前去。一般来说，派对上服务生所走的路线都经过专门的培训，绝不会有疏忽遗漏的角落，所以别急，等服务生询问：“小姐，需要来杯香槟吗？”再优雅地伸出手来拿。

（2）拿香槟的手势是用纤细的手指轻轻地捏着杯柄，这样不仅优雅，手的温度还不会破坏了香槟原本的口味。

（3）在喝香槟时，唇油易沾到杯口，颇为不雅。这时，利用舌尖，轻轻地舔一下即可，然后再喝上香槟，口红印就不会那么明显了。

（五）聊天内容

派对不仅是个秀场，还是一个轻松、休闲的场所。所以在派对上，聊天应当以生活化的内容为主，比如，“你最近在忙什么？”“做什么运动？”“等会儿要不要去吃点东西？”……因为派对本是一个让人放松心情的地方，不需要聊一些比较沉重或深入的话题，这样反而会使派对变得沉闷，没有生趣。

（六）进食礼仪

（1）派对上除了会提供一些饮料以外，还会有一些精致的小食。应当认识到派对上的食物并不是为了让你吃饱的，而是让你在喝酒前先垫一垫肚子，不至于马上喝醉，所以记住千万不能贪吃。

（2）当服务生拿着品种纷繁的小食走到你面前时，先决定你选择哪一个，再下手，千万不可以东挑西拣，否则很失礼。

（七）聊天语言

（1）在社交场合里，不应该以方言与同乡交谈、联系感情。因为社交场合是拓展人际关系的最佳舞台，透过它，你可能结识来自不同背景的朋友，并借此丰富个人的心灵与视野。在这样一个舞台上，人人都该扮演一块磁铁，竭尽所能去吸引他人，同时又放开胸襟去被吸引。在一般聚会场所使用共同的语言，是尊重别人的表现。

（2）若用方言论及隐私的话题，是严重触犯国际礼仪的禁忌。

（八）应对尴尬

聚会是个热闹的交际场合，常常会遭遇一些尴尬的事情。其中经常遇到的一大尴尬事是，一个面孔熟悉的陌生人跑上来与你打招呼，当你使劲想却怎么也想不起来他究竟是谁时，就会出现尴尬场面。此时首先应该保持冷静，千万不能流露出不认识对方的神情，因为这样会显得很没有社交礼仪。你可以通过一些技巧性的交流方式，帮助自己恢复记忆。

（1）“上次见到你的时候，头发好像没那么短吧？”当你把似问非问的语句抛给对方时，对方可能会自报家门说：“对啊，你说上次××派对上的我是吗？”

（2）第二招就是把自己朋友介绍给这个面孔熟悉的陌生人，趁着双方自我介绍的机会，你也就自然而然地知道他是谁了。

（3）利用互留手机号码的方式，得知他的英文名或公司名。

四、聚会娱乐礼仪

（一）歌厅礼仪

（1）选择正规歌厅。

（2）点歌礼让有序。

（3）听歌聚精会神。

（4）唱歌保持风度。

（5）交往尊重异性。

（二）健身礼仪

（1）有所约定。到正规的网球场打球前，都需要预定场地。在预定场地时，往往需要说明自己打球的具体时间。当自己邀请别人一道前去打保龄球时，最好先向球馆预定好球道，这样就可以避免在现场排队等候之苦。

（2）注意衣着。如进入公用的游泳池或浴场之前，应换着较为正规的泳装；打网球时，大都要求打球者穿着专门的网球装、网球鞋。男：白 T 恤、短裤；女：白色连衣裙。打保龄球时，必须提前更换自己鞋袜。打球者要事先换上一双干净整洁、无异味、无污迹、无残破的袜子。

（3）目标明确。健身要目标明确，如果是以社交为目的或者以娱乐为目的，要注意活动适度，以礼待人，保持自身的风度。

（4）服从管理。不同的娱乐健身场所都有一些相应的场馆管理制度和要求，任何人都要守规、遵纪，服从管理。

■ 相关链接

有这样一个真实的故事：我的朋友是一对异国夫妇，丈夫是波兰人，在欧盟商会任职，妻子是我的老乡，也是我的同学。去年圣诞节的时候，我们全家应邀去他们家做客。他们住在回龙观的一栋别墅里，房子大而温暖，他们全家盛情招待，我们彼此都很愉快。晚上 11 点左右，我们要起身告辞，他们夫妇送我们出了房门，12 月底的北京非常冷，况且夜里 11 点多，出来穿棉衣都直打哆嗦，所以我们极力阻止他们留步不要出来，免得着凉感冒。但他们微笑着坚持将我们送到房门外。因为屋里暖和，他们仅穿着薄薄的毛衣。送出来就行了吧，他们还要坚持看我们发动好车子，我催促我爱人快点开车，好赶紧让他们回去，但因为天冷，车子不好打着火，好不容易可以开车走了，我们赶紧挥手和他们再见并示意其快快回屋，他们却依然面带笑容双双站在屋檐下，向我们挥着手告别。我们的车开走了，我依然看到他们在向我们挥着手，直到车子终于拐弯。

其实那天我们吃了什么、聊了什么，现在都已模糊，只有这寒夜里的送别，每每想起，历历在目。

习题

小刘和几个外国朋友相约周末一起聚会娱乐，为了表示对朋友的尊重，星期天一大早，小刘就西装革履地打扮好，对照镜子摆正漂亮的领结前去赴约。北京的八月天气酷热，他们来到一家酒店就餐，边吃边聊，大家好不开心快乐！可是不一会儿，小刘已是汗流浃背，不住地用手帕擦汗。饭后，大家到娱乐厅打保龄球，在球场上，小刘不断为朋友鼓掌叫好，在朋友的强烈要求下，小刘勉强站起来整理好服装，拿起球做好投球准备，当他摆好姿势用力把球投出去时，只听到“嚓”的一声，上衣的袖子扯开了一个大口子，弄得小刘十分尴尬。

讨论题

1. 小刘的着装有什么问题？
2. 参加聚会的着装礼仪是什么？

素质包括了**职业**人必备的思想、知识、技巧等素质。一个人在社会中扮演什么角色环境中体现什么身份，都需要准确定位，然后根据要求设计自己的**仪态**、表情、行、**服饰**、谈吐以及待人接物的方法。职业形象塑造是一个综合的范畴，强调仪容仪言谈吐和行为举止的整体和谐，它要求职业者能够娴熟地掌握**社交礼仪**，通过语音、举止、姿势、动作等传递自信、昂扬、妩媚、潇洒、优雅等多种信息，形成有**文化**、有内涵的职业形象，以一定的、约定俗成的程序、方式来表现律己、敬人的过程。

心灵美和**仪表**美不是对立的，而是不可分割的，只有它们互为表里，相得益彰，才是完善的美。

第7章 职场沟通礼仪

第1节　办公室礼仪

■ 案例

文文是办公室的一名普通文员，她从第一天上班起，就认为自己的工作就是“平时打打字，接接电话，复印几份文件，收发几份文件”这么简单，其他的就不是她的分内事了。在这样的思想指导下，文文每天就真的将她的这几件“分内事”做得无丝毫懈怠。对于其他的“分外事”，她可是宁愿“多一事不如少一事”，从不跟着“瞎掺和”。

一日，一位中年男子急匆匆地走过来，问：“经理在不在？”文文正在打一份文稿，非常恼火中年男子将她的工作给打断了，冷冷地抬了抬眼皮，看到那人站在那里，土里土气，于是不耐烦地说：“你找哪个经理啊？这里的经理多着呢。”中年男子忙说：“负责销售业务的。”文文玉指遥遥一指：“那边，大厅。”

3分钟的工夫，客人气急败坏地回来：“这叫什么公司！”估计是在大厅里再次遭受了冷落。

这下，文文可不高兴了，心想：我招你惹你了吗？你冲我发脾气。漠然地白了一眼中年男子，一边打文件一边说：“关我什么事！”对方没想到文文不但没有安抚他，反被冷嘲热讽地抢白，一时气愤地摔门而去。

谁知，那位中年男子找总经理倒是又准又快，其貌不扬的他竟是一家贸易公司的老板，无论老总怎样解释赔罪，他坚决终止与公司的销售代理合同。理由是：公司的管理太差，员工没有起码的服务意识。

■ 理论知识

一、办公室行为礼仪

（1）员工下班前要关闭电脑，最后离开办公室的人员要负责关灯、关窗、关门。

（2）办公电脑实行专人管理。未经批准或许可，不得擅自动用网络及个人办公专用电脑。

(3) 工作过程中，不能会客谈论私事，不能看电视，看与工作无关的书报、杂志等。

(4) 尽量避免在工位上进餐，实在不能避免的，就餐之后要将一次性餐具立刻扔掉，并迅速通风，以保持办公室的空气清新，环境雅观。

(5) 有强烈味道的食品或吃起来声音很响的食物，不要带到办公室吃。

(6) 保持个人工位整洁、美观大方，避免摆放玩具、粘贴画报、陈列私人物品。

(7) 桌面上只摆放目前正在进行的工作资料，避免杂乱无章。办公桌或工位下面禁止堆放鞋及其他杂物。

(8) 暂时离开工位时，应将文件覆盖起来。下班后应该将文件、资料收放到抽屉或文件柜中。

(9) 对在一起工作的女同事要尊重，不能同她们拉拉扯扯、打打闹闹。在工作中要讲男女平等，一切按照社交中的女士优先原则去做未必会让女同事高兴。

(10) 行为要多加检点。尽量不要在办公室里吸烟，更不要当众表演自己擅长的化妆术。如很想吸烟或需要化妆，则应去专用的吸烟室或化妆间。若附近没有这类场所，则只好借用洗手间。

(11) 办公时间不要离开办公桌，看书报、吃零食、打瞌睡一定会引起上司的不满。私人电话接起来不要没完没了，不能坐在办公桌上办公或将腿整个跷上去。

(12) 员工在工作中要保持端正的姿势，行为举止要表现出良好的修养，给人精神饱满、朝气蓬勃的印象。走路时，应抬头挺胸，目视前方，脚步放松轻快，不得在上班时间奔跑、追赶、嬉戏。

二、办公室交际礼仪

(1) 在办公室里对上司和同事都要讲礼貌，“您好”、“早安”、“再会”之类的问候语要经常使用，不厌其烦。同事之间不能称兄道弟或乱叫外号，而应以姓名相称。对上司和前辈则可以用“先生”或职务来称呼，最好不要同他们在大庭广众下开玩笑。

(2) 在办公室工作，服饰要与之协调，以体现权威、声望和精明强干为宜。

(3) 在办公室里不能穿背心、短裤、凉鞋或拖鞋，也不适合赤脚穿鞋。女士戴的首饰也不宜过多，走起路来摇来摇去的耳环会分散他人的注意力，丁当作响的手镯也不宜佩戴。

(4) 要避免口衔香烟四处游荡，不要与同事谈论薪水、升降或他人隐私。遇到麻烦事，要首先报告给顶头上司，切莫诿过或越级上告。

(5) 接待来访者要平等待人，而不论其是否有求于自己。回答来访者提出的问题要心平气和、面带笑容，绝不能粗声大气或者以拳头砸桌子来加重语气。

(6) 去别的办公室拜访同样要注意礼貌。一般需要事先联系，准时赴约，经过许可，方可入内。在别的办公室里，没有主人的提议，不能随便脱下外套，也不要随意解扣子、卷袖子、松腰带。未经同意，不要将衣服、公文包放到桌子和椅子上。公文包很重的话，则放到腿上或身边的地上。不要乱动别人的东西。在别的办公室停留的时间不宜太久，初次造访以20分钟左右为宜。

(7) 工作时间不得把私人情绪带入工作中，保证工作效率。

(8) 工作中讲普通话，对客户一律使用礼貌用语，不得使用方言。

(9) 当客人到来，员工应主动热情地打招呼，对不认识的客人称呼“先生”、“小姐”等，切忌称呼“喂”、“哎”等，客人离去时要道别、致谢，切忌对客人不理不睬，旁若无人。

(10) 与客人谈话时态度要亲切和蔼，面带微笑，不宜声音太高，语气不能简单生硬，切忌唾沫四溅。

(11) 员工之间在工作区交谈，声音不可过高，相互之间不得大声喧哗和吵架。

(12) 走通道、走廊时要放轻脚步。不论在自己公司还是访问的公司，在通道和走廊里都不能一边走一边大声说话，更不得唱歌或吹口哨。

(13) 愉快接受命令，服从上司。公开场合中，上司永远是正确的。当意见不一致时，不得与上司争执，必须按其指示迅速办理。

(14) 诚恳接受上司的指正与批评，不要急于当场为自己辩解，事后再找机会与上司沟通。

(15) 向上司请示汇报时，应保持站立，得到允许后方可坐下。如要请上司批示文件，则应侧立在旁以便翻阅及注解。

（16）当公司领导或其他部门负责人来办公室视察（联系）工作时，应放下手中的事情，起身迎候，并随时准备回答有关询问。

（17）在办公场所、走廊、楼梯上与领导及上司相遇时，应站立致意，并侧身请其先行通过；共同搭乘电梯时，也要请领导及上司优先乘坐。

三、现代办公的礼仪禁忌

（1）过分注重自我形象，把办公桌当成私人物品展台，陈列过多的私人物品。

（2）零食、香烟不离口。尤其在有旁人和接听电话时，嘴里还嚼着东西。

（3）形象不得体。坐在办公室里，浓妆艳抹、环佩丁当、香气逼人、暴露过多或衣着不整、品味低俗。

（4）高声喧哗，旁若无人。

（5）随便挪用他人的东西。未经许可随意挪用他人物品，事后不打招呼，用后不归还原处。

（6）偷听别人讲话。两人私下谈话或别人在打电话时，表现出极大的关注。

（7）对同事的客人表现冷漠。一言两语把客人推掉，或不认识就不加理睬。

■ 相关链接

同事之间建立良好的人际关系，是正常、顺利工作的基本保证，因此，我们需要注意以下几点。

（1）遵时守约：一个不遵时守约的人，往往不被他人信任。

（2）尊重上级和老同事：与上级和老同事讲话时，应有分寸，不可过分随意。

（3）公私分明：上班时严禁接打私人电话，也不可将公共财物据为己有或带回家中使用。

（4）加强沟通、交流：工作要积极主动，同事之间要互通有无、相互配合。

(5) 不回避责任：犯错误时，应主动承认，积极改正，不可回避责任、相互推诿。

(6) 态度认真：过失往往是由于准备、思考不充分而引起的，如有难以把握的地方应再次确认检查。

■ 习题

小红所在单位大部分同事都是男性，中午吃饭时的短暂休息时间，同事们往往会聚集在一起谈天说地，可惜小红总感觉到插不上嘴，起初的一段日子只能在旁边远听。男同事们喜欢谈论的话题无非集中在体育、股票上面，不过他们即使不懂时装的流行趋势，也不妨碍他们与女同事的交流。于是小红开始有意识地关注体育方面的消息和新闻，遇到合适机会甚至还和男同事们一起去看球，不久小红就和同事们打成了一片。

讨论题

小红与同事沟通的成功之处是什么？

第2节 办公室电话礼仪

■ 案例

谢小姐大学毕业后不久在某公司就职，她性格开朗、活泼，朋友非常多。朋友多，电话自然也很多。谢小姐上班时总要接一些私人电话。接到朋友的电话，谢小姐总是很高兴，她常常旁若无人地与朋友谈笑风生，似乎总有说不完的话。可是，她没有觉察到周围同事带有责备的目光。

■ 理论知识

在接听电话时你所代表的是公司而不是个人，它能够真实地体现出个人的素质、待人接物的态度以及通话者所在单位的整体水平。微笑地接打电话，吐字要清楚，语音要适中，不要忘记电话应对中的呼应。接听和拨打私人电话不得超过三分钟。

一、接听电话

（1）铃响三声内接起电话。拿起电话先自报家门。必要时要询问对方单位名称及所属部门，接转电话时为指定受话人提供便利。

（2）对不指明的电话，判断自己不能处理时，可坦白告诉对方，并马上将电话交给能够处理的人。在转交前，应先把对方所谈内容简明扼要告诉接收人。

（3）电话听不清楚时要立即告诉对方；通话时语气要热诚、口音清晰、语速平缓。电话语言要准确、简洁、得体。音调要适中，说话的态度要自然。

（4）叫对方等待，应该说明原因及等待的时间。

（5）不能接电话或不得不终止电话时，应该礼貌地告诉对方。

（6）讲电话的时候一定要确认对方的姓名、身份，把电话转给谁等基本信息。

（7）同事特别是上司家里的电话、手机、呼机，未经允许不要告诉别人。

（8）如果碰到对方拨错号码时，不可大声怒斥或用力挂断电话，应该礼貌告知对方拨错了电话。相反如果是你拨错了电话，应该马上向对方表示道歉。

（9）尽量不用免提功能接电话。养成左手接打电话以及准确记录的好习惯，重要内容要复诵确认。

（10）通话结束时，要确定对方已挂断电话，才能放下听筒。挂断电话要轻放。

（11）重要的电话都要做详细的电话记录，包括来电话的时间、来电话的公司及联系人、通话内容等。通话结束前应重复要点，对于数字、日期、时间等应再次确认，以免出错。

（12）要转告正在接待客人的人有电话时，最好不要口头转达，可利用纸条传递口信，这样不仅可以避免泄露秘密，也可以避免由于打岔引起的尴尬和不悦。

二、拨打电话

（1）选择适当的时机：工作时间内，不得打私人电话。

（2）拨打电话前写好备忘录：准备好通话时的文件和需要的相关资料以及随时记录的笔、本。左手拿话筒，确认对方电话号码。通话简明扼要，不要在电话中聊天。

（3）通话时保持微笑：要表述清楚、简明扼要；先告之概要，再讲明细节，声音不宜太大，让对方听清楚就可以，以免对方感觉不舒服或影响办公室里其他人的工作。

（4）打电话，先自报家门，外线先报公司、部门、个人，内线先报部门、个人。

（5）不要先问对方姓名。如果对方没有报上自己的姓名，而直接询问上司的去向，此时应客气而礼貌地询问："对不起，请问您是哪位？"

（6）由受话人结束会谈，先放电话（别摔话筒）。

（7）如果电话突然发生故障导致通话中断，此时务必换另外的电话再拨给对方，向对方解释清楚。

三、电话通话礼仪

（一）电话交谈中多用雅语、敬语、礼貌用语

电话用语应该亲切、和善、优美，声音清晰、悦耳、吐字清脆。学会运用"您好"、"请问"、"我可以……吗"等得体恰当的礼貌用语恭谨致意，给对方留下良好的印象，会让双方都感到愉快。

（二）控制情绪，保持喜悦的心情

电话交谈应该始终心存尊重、诚恳之意。要保持良好的心情，即使自己心情很不好，刚刚遇到过很烦恼不顺心的事情，接电话时也不要让自己不佳的情绪影响语气、语调，而使对方感到不舒服。打电话时虽然彼此看不见，但应该从欢快、热情、亲切的语调中让对方受到感染，给对方留下极佳的印象。有资料报道，日本一家公司老板为了让接线员时刻有笑容，给每个接线员配一面镜子，使其时刻用镜子检查自己，结果取得了很好的效果。

（三）声音清晰明朗，语气语调控制在最佳状态

语气语调最能体现细致微妙的情感。语调过高、语气过重，会让对方觉得你尖刻、生硬、冷淡、刚而不柔；语气太轻、语调太低，则会让对方觉得你无精打采、有气无力。一般说来，语气适中、语调稍高、声音清晰明朗、尾音稍拖一点，会让对方感到亲切自然。打电话的姿势也会影响声音效果，如果打电话时弯腰躺在椅子上，说话时气流不通畅，传给对方的声音就是懒散的、无精打采的。若坐姿端正，发出的声音就会亲切悦耳、充满活力。所以打电话时，即使对方看不见，也应保持端正的姿势。另外，打电话过程中不要吸烟、喝茶、吃零食，否则就是对对方的不尊重。

■ 相关链接

这个故事发生在古希腊。开学第一天，大哲学家苏格拉底对学生说："今天咱们只学一件最简单也是最容易做的事。每人把胳膊尽量往前甩。"说着，苏格拉底示范了一遍，"从今天开始，每天做 300 下，大家能做到吗？"学生们都笑了，这么简单的事，有什么做不到的！过了一个月，苏格拉底问学生们："每天甩 300 下，哪些同学坚持了？"有 90% 的同学骄傲地举起了手。又过了一个月，苏格拉底又问，这回坚持下来的学生只剩下八成。一年后，苏格拉底再一次问大家："请告诉我，最简单的甩手运动，还有哪几位同学坚持了？"这时，整个教室里只有一人举起了手。这个学生后来成为了古希腊另一位大哲学家，他就是柏拉图。这个小故事所蕴含的深刻道理是显而易见的。

■ 习题

1. 你的上司"去吃午饭"的时候，你接到了打给上司的电话。这种场合应该怎样应对？

2. 工作时有人打来电话只说"XX 在吗"，却不自报姓名。但是，如果不确认对方的姓名就转电话是不好的。这种场合应该怎样应对？

3. 对方打来电话，但却有很严重的杂音，很难听清楚。这种场合应该怎样应对？

4. 打电话拜托有工作关系的人一些事情，但是“现在，他外出了”。这种场合应该如何应对？

5. 接到打给同事 A 的电话，但是 A 正在接听其他电话因此不能转给他。这种场合应该如何应对？

第 3 节　电子通信礼仪

■ 案例

“李女士，您好。我是 XX 公司的王老师，冒昧打扰，敬请谅解。我公司首席讲师有着丰富的实践经验，如果有需求，请联系。”这是公司业务员小王给客户写的一封电子邮件，看了之后让人哭笑不得。没有主题，没有落款，没有联系电话，没有……

■ 理论知识

层出不穷的现代化通信工具为人们获取信息、传递信息、利用信息，提供了越来越多的选择。电子通信礼仪，即指在利用电话、电报、电传、传真、电子邮件等各种通信手段时，所应遵守的礼仪规范。

一、移动通信工具

（1）工作时间忌用搞笑彩铃。不恰当的铃声设置和彩铃不适宜工作时间，也会令你失礼于人。手机不能不分场合地响起，与人交谈中忌频频接打电话。

（2）要将移动通信工具放置在合适的位置上。既要合乎礼仪要求、使用方便，又要防止丢失。正常情况下，移动通信工具应放置在随身携带的公文包里，也可以放在上衣的口袋里。不要别在腰上或放在裤子后兜。尤其是女士，应放在手袋里，别把它挂在脖子上。

（3）电梯内、车厢中、餐厅里，由于声音容易扩散到场内的每一个角落，所以除非必要，尽量不要主动打电话与人谈笑闲聊。如果是他人给你打电话，也应长话短说，并尽量压低声音，让干扰减至最低。

（4）不论是接听电话，还是拨打电话，讲话的声音都要适度，不能大声嚷嚷。特别是在公共场所更要注意。在接听和拨打电话时，不要妨碍和影响他人，引起大家的反感；也不要当众表演，不注意保护自己的隐私；更不要拿着移动电话招摇，以此抬高自己的身价。如遇到信号不良或通讯中断的情况，可以先行切断，等会儿再联络，切忌大声呼叫。粗鲁的通话方式足以令他人对你的基本教养产生怀疑。

（5）使用移动通信工具要遵守公共秩序。在医院、音乐会、比赛场等特殊场合要将电话调至静音状态。不能在开会、上课、听报告或举行各种正式仪式时使用移动通信工具，也不应该在“保持安静”的公共场所使用。在这些场所应主动关机或将移动电话调至震动状态。使用移动通信工具要注意安全，不要在驾驶汽车时使用。

（6）若去电时对方不能接听电话或者收不到信息，电话会自动转至语音信箱，礼貌上此时应尽量留下信息，否则对方不知是谁来电。留言时以简明扼要为原则，但姓名、电话号码、来电时间均不可忽略。

（7）由于手机话费相对较高，而且通信属于个人私事和个人秘密，因此联系不熟悉的人时可先拨打其办公室座机，有急事需拨打手机时则应注意讲话言简意赅。如果需要长时间通话，应主动询问对方是否需要拨打其座机电话。

二、传真

（1）正式的传真必须有首页，其上注明传送者与接受者双方的单位名称、人员姓名、日期、总页数等，这样可以一目了然。如果不是非常正式的传真信函，可以用3-1，3-2，3-3等方式注明，让接受者一看就知道有三页，如果其中一页不清楚或者未收到时，可以请对方再发一次，这样可以节省双方的时间。

（2）传真信件时，必须像写信一样有礼貌，如必要的称呼、问候语、签字、敬语、致谢语等均不可少，尤其是信尾的签字不能忽略，这是不太礼貌的，因为签字代表这封信是发信者知道并且同意才发出的，否则任何人都可以轻易冒名发信件了。

（3）最好使用白色或浅色信纸，不要使用深色信纸或者有黑色或深色条纹的信纸，用这些信纸发传真不仅会浪费扫描时间，更会浪费金钱。

（4）发送传真之前，可以向对方通报一下，以免发错。收到传真后，要尽快通知对方。

三、电子信函

（1）发送邮件前必须用杀毒程序扫描文件，以免将“毒信”寄给对方。

（2）对于来历不明的信件应谨慎处理，若不确定最好也要用杀毒程序扫描，以防万一。

（3）电子信函要认真撰写。信函要突出主题，行文要流畅，避免使用冷僻词，并且要做到简明扼要。寄信时最好注明主题，让收件人一看便知道来信的要旨。虽然是电子邮件，但写信的内容与格式应与传统信件一样，称呼、敬语一样都不可缺少。

（4）电子信函不可滥用。时间很宝贵，千万不可用无聊的电子信函浪费自己和他人的时间。传播垃圾信件是不道德的，既不要阅读，也不要传播。

（5）发送群发信件，要用保密附件方式传送，这样收信的人只能看见信的内容，而不会知道其他收件人是谁以及他们的电子邮箱地址。这样可以避免其他收件人的地址被恶意利用。

（6）仔细检查拼法、文法和信息的一般外观，纵然你使用的是现代科技，切不可因此疏忽了传统规格和礼法。

（7）发邮件时一定要慎重。要小心写在 E-mail 里的每一个字、每一句话。

（8）邮件信息不要太冗长。太冗长反而不会引起别人的注意，别人也没有兴趣看下去。

■ 相关链接

那是一个傍晚，我们乘车从澳大利亚的墨尔本出发，往南端的菲律普岛赶。菲律普岛是澳大利亚著名的企鹅岛，我们去那儿为一睹企鹅归巢的美景。从收音机里我们知道，这个岛上正正举办一场大规模的摩托车赛。据估计，在我们到达企鹅岛之前约一个小时，这场大规模的摩托车赛要结束。到时候观众散场，会有成千上万辆汽车往墨尔本方向开。

因为这条路只有两个车道，我们担心会因此塞车，须知可以看到企鹅归巢的时间只有短短半小时。离企鹅岛还有60多公里时，大批的车流蜂拥而来。此时此刻，目力所及，从北往南开的车只有我们一辆，而由南向北的车却有成千上万辆。出乎意料的是，我们双方的车子却依然行驶得非常顺畅。我们终于开始注意到，对面驶来的所有车辆，没有一辆越过中线。这是一个左右极不“平衡”“对称”的车道，一边是光光的道路，一边是密密麻麻的车子。然而没有一个“聪明人”试图去破坏这样的秩序，要知道这是荒凉的澳洲最南端，没有警察，也没有监视器。有的只是车道中间的一道白线，看起来毫无约束力的白线。这种“失衡”的图景在视觉上没有美感可言，可是我却渐渐地感受到了一种规则之美。

■ 习题（案例分析）

一、约翰准备传真给一名供应商时，不慎把传真号码按错了，竟传给了一个毫不相干的会计师办公室。会计师的秘书收到这份文件，即使想通知约翰也一筹莫展，因为约翰的文件上并未提供充分的通信资讯，她当然也无法与约翰的供应商联系。

讨论题

请分析约翰犯了几个方面的错误。

二、马丁十万火急地向外市行销中心仓储经理催件，却未如预期地得到对方快速的回应。这位经理向来精明干练、效率十足，而这次却令马丁纳闷不已。一周后，马丁所催文件终于到达，但却是经邮递寄出的。马丁在发给那名经理的电讯里是这样写的。“需月中产品存货清单报告，机密传递为上，尽速。”

讨论题

请分析马丁的电讯漏洞在哪里。

第4节 沟通艺术

■ 案例

丽·凯化妆品公司创始人玛丽在当推销员时，有一次，销售经理召集他们开会。会议结束时，大家都希望同经理握握手。玛丽排队等了3个小时，终于轮到她与经理见面。经理在同她握手时，甚至连瞧都不瞧她一眼。经理用眼去瞅她身后的队伍还有多长。善良的玛丽理解他一定很累，可是，自己也等了3个小时，同样很累呀！自尊心受到了伤害的玛丽暗下决心：如果有一天有人排队等着同自己握手，自己将把注意力全都集中在对方身上——不管自己多累！她后来多次站在队伍的尽头同数百人握手，常常持续好几个小时。无论多累，她总是牢记当年自己排那么长的队等候同那位销售经理握手时所受到的冷遇。如有可能，总设法同对方说点亲热话——也许只是一句，如“我喜欢你的发型”或“你穿的衣服真漂亮”。她在同每一个人握手时，总是全神贯注，不允许任何事情分散了自己的注意力。这样握手，使数百人都觉得自己是世界上最重要的。她的公司就这样成为全世界最重要的公司之一。

■ 理论知识

一、人际沟通准则

（1）要树立自己的良好形象，给人留下良好印象、让人喜欢你。

（2）讲究礼仪，重视礼节、礼貌，以礼相待，平等交往。

（3）在职场首先要学会与人合作、换位思考，善待别人就是善待自己。

（4）在单位大事要坚持原则，小事要学会谦和。

（5）要懂得欣赏别人，尺有所短、寸有所长，不愿合作，就不利于人际。

（6）凡事适可而止。在职场上做人一定要低调，要学会少说话，不要乱说话。

二、沟通基本礼仪

（1）真诚地关心别人，关怀对方比引起对方的注意更重要。以发自内心的热诚与微笑对待人。

（2）掌握倾听的艺术，做一名忠实的听众。认真倾听别人的谈话是对谈话者的尊重，对方因而也会把你视为知音。倾听不是在做姿态，而是一种尊重他人、欣赏他人的表现。

（3）记住对方的名字，交谈中准确而亲切地说出对方的姓名，会使对方觉得自己很重要，这是被人喜爱的最简单而又很重要的方法。

（4）时时用使人悦服的方法赞美人，是博得人们好感的好方法。服务业著名的敬人三 A 原则（接受、重视、赞美对方），在人际交往中也是很值得借鉴的。善于赞美别人，便能赢得更多的知己，获得更多的友情与帮助，当然这需要心胸宽阔、大度，善于发现别人的优点。

■ 相关链接

社交礼仪小故事

1985 年 9 月 20 日，邓小平来到人民大会堂的会见大厅准备会见新加坡总理李光耀。邓小平同志有一个习惯，每次来会见外宾时，总是从家里自带香烟，先点燃一支烟后再听有关人员的汇报。可是这一次却未掏烟、点烟，工作人员把香烟递过来时，他又断然说：“烟，今天不吸了。”旁边的人惊奇地问：“邓主任今天为什么宣布不吸烟了？”邓小平同志说：“李光耀总理闻不得烟味儿。”原来 1978 年邓小平同志访问新加坡时，拜会李光耀总理和李光耀总理回拜时，李光耀总理都没有抽烟。这件事，邓小平一直记忆犹新。所以这一次作为主人会见李光耀，邓小平同志主动不抽烟了，这正是出于对客人的尊重。

■ 习题（案例分析）

一位英国老妇到中国旅游观光，对接待她的导游小姐评价颇好，认为她服务态度好，语言水平也很高，便夸奖该导游小姐说：“你的英语讲得好极了！”导游小姐按照中国人的习惯，谦虚地回应说：“我的英语说得不好。”英国老妇一听生气了，心想：“英语是我的母语，难道我都不知道英语该怎么讲?”她越想越气，第二天坚决要求旅行社给她换导游。这件事在旅游行业乃至所有窗口行业引起了极大的反响。

讨论题

1. 造成案例中现象的原因是什么?
2. 面对外宾的表扬，应怎样得体地回答?

素质包括了**职业**人必备的思想、知识、技巧等素质。一个人在社会中扮演什么角色，环境中体现什么身份，都需要准确定位，然后根据要求设计自己的**仪态**、表情、行、**服饰**、谈吐以及待人接物的方法。职业形象塑造是一个综合的范畴，强调仪容仪言谈吐和行为举止的整体和谐，它要求职业者能够娴熟地掌握

社交礼仪，通过语音、举止、姿势、动作等传递自信、昂扬、妩媚、潇洒、优雅等多种信息，形成有**文化**、有内涵的职业形象，以一定的、约定俗成的程序、方式来表现律己、敬人的过程。

心灵美和**仪表**美不是对立的，而是不可分割的，只有它们互为表里，相得益彰，才是完善的美。

第8章 公务礼仪

第1节　公务交际礼仪

■ 案例

一天上午，惠利公司前台接待秘书小张匆匆走进办公室，像往常一样进行上班前的准备工作。她先打开窗户，接着打开饮水机开关，然后翻看昨天的工作日志。这时，一位事先有约的客人要求会见销售部李经理，小张一看时间，他提前了30分钟到达。小张立刻通知了销售部李经理，李经理说正在接待一位重要的客人，请对方稍等。小张就如实转告客人说："李经理正在接待一位重要的客人，请您等一会儿。"话音未落，电话铃响了，小张用手指了指一旁的沙发，没顾上对客人说什么，就赶快接电话去了。

客人尴尬地坐下……待小张接完电话后，发现客人已经离开了办公室。

■ 理论知识

一、办公室接待礼仪

（1）上级来访，接待要周到。对领导交代的工作要认真听、记；领导了解情况，要如实回答；如领导是来慰问，要表示诚挚的谢意。领导告辞时，要起身相送，互道再见。

（2）下级来访，接待要亲切热情。除遵照一般来客礼节接待外，对反映的问题要认真听取，一时解答不了的要客气地回复。来访结束时，要起身相送。

二、引见时的礼仪

（1）在引导客人去领导办公室的路途中，工作人员要走在客人左前方数步远的位置，忌把背影留给客人。在陪同客人去见领导的这段时间内，不要只顾闷头走路，可以随机讲一些得体的话或介绍一下本单位的大概情况。

（2）在进领导办公室之前，要先轻轻叩门，得到允许后方可进入，切不可贸然闯入。叩门时应用手指关节轻叩，不可用力拍打。

（3）进入房间后，应先向领导点头致意，再把客人介绍给领导，介绍时要注意措辞，应用手示意，但不可用手指指对方。

（4）介绍完毕走出房间时应自然、大方，保持较好的行姿，出门后应回身轻轻把门带上。

三、与客人共乘电梯的礼仪

（1）伴随客人或长辈来到电梯厅门前，应先按电梯呼梯按钮。当轿厢到达厅门打开时，若客人不止1人，可先行进入电梯，一手按“开门”按钮，另一手按住电梯侧门，礼貌地说：“请进”，请客人或长辈进入电梯轿厢。

（2）进入电梯后，按下客人或长辈要去的楼层按钮。若电梯行进间有其他人员进入，可主动询问要去几楼，帮忙按下。

（3）电梯内视状况决定是否寒暄，例如没有其他人员时可略做寒暄，有外人或其他同事在时，要斟酌是否有必要寒暄。

（4）在电梯内尽量侧身面对客人。

（5）到达目的楼层，一手按住“开门”按钮，另一手做出请出的动作，可说：“到了，您先请。”

（6）客人走出电梯后，自己立刻步出电梯，并热诚地引导行进方向。

职业礼仪

■ **相关链接**

修养是第一课

有一批应届毕业生22个人，实习时被导师带到国家某部委实验室里参观。全体学生坐在会议室里等待部长的到来，这时有秘书给大家倒水，同学们表情木然地看着她忙活，其中一个还问了句：“有绿茶吗？天太热了。”秘书回答说：“抱歉，刚刚用完了。”林晖看着有点别扭，心里嘀咕：“人家给你水还挑三拣四。”轮到他时，他轻声说：“谢谢，大热天的，辛苦了。”秘书抬头看了他一眼，眼里满含着惊喜，虽然这是很普通的客气话，却是她今天听到的唯一一句。

门开了，部长走进来和大家打招呼，不知怎么回事，静悄悄的，没有一个人回应。林晖左右看了看，犹犹豫豫地鼓了几下掌，同学们才稀稀落落地跟着拍手，由于不齐，越发显得零乱起来。部长的挥了挥手：“欢迎同学们到这里来参观。平时这些事一般都是由办公室负责接待，因为我和你们的导师是老同学，非常要好，所以这次我亲自来给大家讲一些有关情况。我看同学们好像都没有带笔记本，这样吧，王秘书，请你去拿一些我们部里印的纪念手册，送给同学们作纪念。”接下来，更尴尬的事情发生了，大家都坐在那里，很随意地用一只手接过部长双手递过来的手册。部长的脸色越来越难看，来到林晖面前时，已经快要没有耐心了。就在这时，林晖礼貌地站起来，身体微倾，双手握住手册，恭敬地说了一声：“谢谢您！”部长闻听此言，不觉眼前一亮，伸手拍了拍林晖的肩膀：“你叫什么名字？”林晖照实作答，部长微笑点头，回到自己的座位上。早已汗颜的导师看到此景，才微微松了一口气。

两个月后，毕业分配表上林晖的去向栏里赫然写着国家某部委实验室。有几位颇感不满的同学找到导师：“林晖的学习成绩最多算是中等，凭什么选他而没选我们？”导师看了看这几张尚属稚嫩的脸，笑道：“是人家点名来要的。其实你们的机会是完全一样的，你们的成绩甚至比林晖还要好，但是除了学习之外，你们需要学的东西太多了，修养是第一课。”

■ 习题（案例分析）

某公司王经理约见一个重要的客户方经理。见面之后，客户就将名片递上。王经理看完名片后将名片放到了桌子上，两人继续谈事。过了一会儿，服务人员将咖啡端上桌，请两位经理慢用。王经理喝了一口，将咖啡杯子放在了名片上，自己没有感觉，客方经理皱了皱眉头，没有说什么。

讨论题

1. 请分析王经理的失礼之处。
2. 接到对方的名片后应如何放置？

第2节　公务会议礼仪

■ 案例

某分公司要举办一次重要会议，请来了总公司总经理和董事会的部分董事，并邀请当地政府要员和同行业知名人士出席。由于出席的重要人物多，领导决定用“U”字形的会议桌。分公司领导坐在位于长“U”字横头处的下首。其他参加会议者坐在“U”字的两侧。在会议当天开会时，贵宾们都进入了会场，按安排好的座签找了自己的座位就座，当会议正式开始时，坐在横头桌子上的分公司领导宣布会议开始，这时他发现会议气氛有些不对劲，有贵宾相互低语后借口有事站起来要走，分公司的领导人不知道发生什么事或出了什么差错，非常尴尬。

■ 理论知识

一、会议通用礼仪

（1）发放会议通知。必须写明开会时间、地点、会议主题及参加者等内容。要提前一定的时间发通知，以便使参加者有所准备。

（2）安排好会场。会场的大小，要根据会议内容和参加者的多少而定。如果会场不易寻找，应在会场附近安设路标以作指点。

（3）开会的时间宜紧凑。短小精悍，有效地利用时间，讨论实质性的问题，应被视为开会礼仪中十分重要的一条原则。

（4）迎送与会者。凡是一些大型或中型会议，对会议参加者要认真做好迎送工作。一般应在会前组成一个会务组，专门处理有关问题。

二、开会位次安排礼仪

（1）面门为上。即面对房间正门的位置是上座。

（2）居中为上。分中央，分两侧的话，中央的位置高于两侧。

（3）前排为上。并排走的话，中间高；单行走的话，前排高，因此前排为上。

（4）以右为上。分左右的话，国际惯例是以右为上。公关礼仪采用国际惯例，所以也讲究以右为上。

（5）以远为上。离门有远近之分的话，离门越远的位置越高，离门越近的反倒是下位。

三、晚会礼仪

（1）举行晚会要尽可能满足参加者的兴趣，可以是文艺演出、体育表演等。如果是招待到中国访问的外国朋友，最好安排客人看具有中国民族风格的节目，以增进其对中国的了解。还要注意把晚会的其他组织工作如座位安排、演出节目单、入退席秩序等安排好。

（2）来宾座位的安排要便于安全保卫，位置要最佳，在正规的剧场内观看文艺演出，通常最好的座位在第七至九排的中间。还要让宾主集中就座，来宾进场、退场要比较方便。

（3）演出前，接待人员要在门口迎候，并专门设立休息厅，主人与来宾共同步入剧场，其他观众应起立鼓掌欢迎。演出结束时，主人与来宾要一同上台，向演员献花、见面、合影，来宾退场后，观众再离开。

■ 相关链接

我认识一位医生，每到冬天，他就在口袋里放一个小水焐子焐手，使自己的手始终保持热乎乎的。并不是因为他格外地怕冷，而是他要确保每一个到他这里来看病的人遇到的都是一双温暖的手。他说，用温暖的手给病人诊断，可以让病人感到安心、信赖，可以激发病人治愈疾病的信心。我还知道一位擦鞋童，他最喜欢听一位著名小提琴家的琴声。当这位小提琴家来到擦鞋童所在城市演出时，这位擦鞋童想方设法凑钱买了一张最便宜的票。小提琴家知道了这件事，演出结束后，就找到这位擦鞋童，问擦鞋童需要什么帮助。擦鞋童回答说："我只想听听您的琴声。"小提琴家感动之余将心爱的小提琴赠送给了这位小知音。30 年后，小提琴家再次来到这座城市演出，设法找到了当年的擦鞋童。在贫困的日子里，有许多人出高价要买他的小提琴，都被他拒绝了。小提琴家再次问他需要什么帮助，他的回答依然和 30 年前一样："我只想听听您的琴声。"我很清楚，医生的诊费是有价的，小提琴是有价的，但我更清楚，医生那双手的温暖是无价的，擦鞋童对琴声的痴爱是无价的。我还清楚，娱乐是有价的，但幸福是无价的；补品是有价的，但健康是无价的；礼物是有价的，但情谊是无价的；房子是有价的，但家是无价的；财富是有价的，但爱是无价的。只要我们心存一份对生活永远不变的热情，这世间，总有一些东西是无价的。

■ 习题

会场的"明星"

小刘的公司应邀参加一个研讨会，该研讨会邀请了很多商界知名人士以及新闻界人士参加。老总特别安排小刘和他一道去参加，同时也让小刘见识见识大场面。

开会这天小刘早上睡过了头，等他赶到，会议已经进行了 20 分钟。他急急忙忙推开了会议室的门，"吱"的一声脆响，他一下子成了会场上的焦点。刚坐下不到 5 分钟，肃静的会场上响起了摇篮曲，是谁放的音乐？原来是小刘的手机响了！这下子，小刘可成了全会场的"明星"……

没多久，就听说小刘已经离开了该公司。

讨论题

1. 小刘失礼的地方表现在哪里？
2. 参加各种会议应该注意哪些礼仪？

第 3 节　公务迎送礼仪

■ 案例

泰国某机构为泰国一项庞大的建筑工程向美国公司招标。经过筛选，最后剩下 4 家候选公司。泰国人派遣代表团到美国亲自去各家公司商谈。代表团到达芝加哥时，那家工程公司由于忙乱中出了差错，又没仔细复核飞机到达时间，未去机场迎接泰国客人。但是泰国代表尽管初来乍到不熟悉芝加哥，还是自己找到了芝加哥商业中心的一家旅馆。他们打电话给那位急促不安的美国经理，在听了他们的道歉后，泰国人同意第二天 11 时在经理办公室会面。第二天美国经理按时到达办公室等候，直到下午三四点钟才接到客人的电话说："我们一直在旅馆等候，始终没有人前来接我们。我们对这样的接待实在不习惯。我们已订了下午的飞机赶赴下一个目的地。再见吧！"

理论知识

一、确定迎送规格

对来宾的迎送规格主要依据来访者的身份和访问目的确定，主人身份总要与客人相差不大，同客人对口、对等为宜。当事人不能出面时，无论作何种处理，应从礼貌出发，向对方做出解释。其他迎送人员不宜过多。

二、掌握抵达和离开的时间

(1) 必须准确掌握来宾乘坐飞机（火车、船舶）的抵离时间，及早通知全体迎送人员和有关单位。如有变化，应及时周知。

(2) 迎接人员应在飞机（火车、船舶）抵达之前到达机场（车站、码头）。送行则应在客人登机之前抵达（离去时如有欢送仪式，则应在仪式开始之前到达）。如客人乘坐班机离开，应通知其按航空公司规定时间抵达机场办理有关手续（身份高的客人，可由接待人员提前前往代办手续）。

三、献花

如安排献花，须用鲜花，并注意保持花束整洁、鲜艳，忌用菊花、杜鹃花、石竹花以及其他黄色花朵。通常由儿童或女青年在参加迎送的主要领导人与客人握手之后，将花献上。

四、介绍

客人与迎接人员见面时应互相介绍。通常先将前来欢迎的人员介绍给来宾，可由接待人员介绍，也可以由欢迎人员中身份最高者介绍。客人初到，一般较拘谨，主人宜主动与客人寒暄。

五、乘车

（一）轿车座位尊卑（假定驾驶座居左）

1. 由车主亲自驾驶轿车

双排五座轿车上，其他四个座位的座次由尊而卑依次应为：副驾驶座、后排右座、后排左座、后排中座。

三排七座轿车上，其他六个座位的座次由尊而卑依次应为：副驾驶座、中排右座、中排中座、中排左座、后排右座、后排中座、后排左座。

当主人亲自驾车时，若一个人乘车，则必须坐在副驾驶座上；若多人乘车，必须推举一个人在副驾驶座上就座，不然就是对主人的失敬。

2. 由专职司机驾驶轿车

双排五座轿车上，其他四个座位的座次由尊而卑依次应为：后排右座、后排左座、后排中座、副驾驶座。

三排七座轿车上，其他六个座位的座次由尊而卑依次应为：后排右座、后排左座、后排中座、中排右座、中排左座、副驾驶座。

三排九座轿车上，其他八个座位的座次由尊而卑依次应为：中排右座、中排中座、中排左座、后排右座、后排中座、后排左座、前排右座、前排中座。

主宾同车时，第一客人坐第一座位；第一主人坐第二座位；主宾不同车时，主人车在前，客人车在后，以示开道。

（二）上下车的先后顺序

（1）上车时，最好客人从右侧门上车，主人从左侧门上车，避免从客人座前穿过。遇客人先上车，坐到了主人的位置上，则不必请客人挪动位置。

（2）乘坐轿车时，应当请位尊者先上车，最后下车。迎接人员应主动打开车门，并以手示意，待客人坐稳后再关门。迎接人员最后上车，最先下车。

（3）轿车抵达目的地时，若有专人恭候，并负责拉开轿车的车门，这时位尊者可以率先下车。若无，一般车的右门为上、为先、为尊，所以迎接者应先开右门，关门时切忌用力过猛。

（三）公务乘车礼规

（1）轿车的前排特别是副驾驶座，是车上最不安全的座位。因此，在社交场合，该座位不宜请女性或儿童就座。

（2）在公务活动中，副驾驶座特别是双排五座轿车上的副驾驶座被称为“随员座”，循例专供秘书、翻译、警卫、陪同等随从人员就座。

六、迎送工作中的几项具体事务

（1）迎送身份高的客人，事先在机场（车站、码头）安排贵宾休息室，准备饮料。

(2) 安排汽车，预定住房。如有条件，在客人到达之前将住房和乘车号码通知客人。如果做不到，可印好住房、乘车表，或打好卡片，在客人刚到达时，及时发到每个人手中，或通过对方的联络秘书转达。这既可避免混乱，又可以使客人心中有数，主动配合。

(3) 指派专人协助办理入出境手续及机票（车、船票）和行李提取或托运手续等事宜。重要代表团人数众多，行李也多，应将主要客人的行李先取出（最好请对方派人配合），及时送往住地，以便更衣。

(4) 客人抵达住处后，一般不要马上安排活动，应稍作休息，起码给对方留下更衣时间。

■ 相关链接

“美德是精神上的一件宝藏，可是让它们发出光芒的却是好的礼仪。只要是一个受人喜欢的人，他的行为不但要有力量，并且要优美。”

——英国哲学家约翰·洛克

■ 习题（案例分析）

在一个秋高气爽的日子里，迎宾员小贺，着一身剪裁得体的新制衣，第一次独立地走上了迎宾员的岗位。一辆白色高级轿车向饭店驶来，司机熟练而准确地将车停靠在饭店豪华大转门的雨棚下。小贺看到后排坐着两位男士、前排副驾驶座上坐着一位身材较高的外国女宾。小贺上前一步，以优雅的姿态和职业性的动作，先为后排客人打开车门，做好护顶关好车门后，小贺迅速走向前门，准备以同样的礼仪迎接那位女宾下车，但那位女宾满脸不悦，使小贺茫然不知所措。

讨论题

1. 通常后排座为上座，一般凡有身份者皆在此就座。优先为重要客人提供服务是饭店服务程序的常规，这位女宾为什么不悦？
2. 小贺错在哪里？

[illegible]

（2）[illegible]，在客人到达之前[illegible]

[illegible]

（3）[illegible]

（4）[illegible]

相关链接

[illegible]

——[illegible]

[illegible]

[illegible]

讨论题

[illegible]

素质包括了职业人必备的思想、知识、技巧等素质。一个人在社会中扮演什么角色
间环境中体现什么身份，都需要准确定位，然后根据要求设计自己的仪态、表情、行
止、服饰、谈吐以及待人接物的方法。职业形象塑造是一个综合的范畴，强调仪容仪
语言谈吐和行为举止的整体和谐，它要求职业者能够娴熟地掌握社交礼仪，通过语音、举止、姿势、动作等传递自信、昂扬、妩媚、潇洒、优雅等多种信息，形成有文化、有内涵的职业形象，以一定的、约定俗成的程序、方式来表现律己、敬人的过程。

心灵美和仪表美不是对立的，而是不可分割的，只有它们互为表里，相得益彰，才是完善的美。

第9章 商务礼仪

第1节　商务活动礼仪

■ 案例

风景秀丽的某海滨城市的朝阳大街高耸着一座宏伟的建筑，楼顶上“远东贸易公司”六个大字格外醒目。某照明器材厂的业务员金先生按原计划，手拿企业新设计的照明器材样品，兴冲冲地登上六楼，脸上的汗珠未及擦一下，便直接走进了业务部张经理的办公室，正在处理业务的张经理被吓了一跳。“对不起，这是我们企业设计的新产品，请您过目”，金先生说。张经理停下手中的工作，接过金先生递过的照明器，随口赞道：“好漂亮啊！”并请金先生坐下，倒了一杯茶递给他，然后拿起照明器仔细研究起来。金先生看到张经理对新产品如此感兴趣，如释重负，便往沙发上一靠，跷起“二郎腿”，一边吸烟一边悠闲地环视张经理的办公室。当张经理问他电源开关为什么装在这个位置时，金先生习惯性地用手搔了搔头皮。虽然金先生作了较详尽的解释，张经理还是有点半信半疑。谈到价格时，张经理强调：“这个价格比我们的预算高出较多，能否再降低一些？”金先生回答：“我们经理说了，这是最低价格，一分也不能再降了。”张经理沉默了半天没有开口。金先生却有点沉不住气了，不由自主地拉松领带，眼睛盯着张经理。张经理皱了皱眉，“这种照明器的性能先进在什么地方？”金先生又搔了搔头皮，反反复复地说：“造型新、寿命长、节电。”张经理托辞离开了办公室，只剩下金先生一个人。金先生等了一会，感到无聊，便非常随便地抄起办公桌上的电话，同一个朋友闲谈起来。这时，门被推开，进来的却不是张经理，而是办公室秘书。

■ 理论知识

一、服饰礼仪

（一）男性员工着装建议

（1）如果可以，应穿得讲究些。

(2) 总是保持清洁卫生。

(3) 如果对去拜访的场合不熟悉，应尽量穿得保守些。

(4) 永远不要带表示宗教和政治含义的标牌，除非你能完全确信对方会很欣赏。

(5) 总是与访谈对象的衣着保持协调。

(6) 不要在头发上带闪光的或有油污的东西。

(7) 要格外注意衣着是否合体。

(8) 总的来说，毛料或混纺布料的衣服为最好。

(9) 正式场合不要穿短袖衬衫。

(10) 领带很重要的，它是尊严和责任的象征。

(11) 体形上的缺陷也可以通过着装掩饰。

(12) 不要带没有意义的首饰，比如大的戒指和粗手链。

(13) 随身总带着一个公文包。

(14) 如果有条件，带一条名贵的领带。

无论何时，可能的话都别忘了最后照一照镜子。从中或许你会发现某些先前忽视了的不对头的地方，比如发型有点乱，衬衫上有个污点等。

(二) 女性员工着装建议

(1) 从事业务活动的场合要着西服套裙。

(2) 总要使服装适合工作及所在公司的要求。

(3) 总应穿中上档次的服装。

(4) 在办公室时穿那种朴素的浅口无带皮鞋。

(5) 总是穿中性色调的，如肉色、灰色、白色的长统袜。

(6) 在衬衣或裙装外总要套一件外套。

(7) 总要带一只相对高档的笔。

(8) 在打扮之前先问问自己要去与谁会面和要做什么。

(9) 永远不要成为办公室里第一号穿时装的人。

(10) 不要把有关性的任何东西带到办公室去。

(11) 不要在办公室穿编织类裤装。

(12) 不要着“男性化”的服装。

(13) 要是拎公文包的话就不要再拎坤包。

(14) 不要穿长裙（过及腿肚子的那种），雨衣除外，或是在长裙外套一件外套亦可。

（15）不要带过于时尚的小饰物。

（三）姿态

（1）站姿：两脚脚跟着地，脚尖离开约45°，腰背挺直，胸膛自然挺起，脖颈伸直，头微向下，使人能看清你的面孔。两臂自然下垂，不耸肩，身体重心在两脚中间。

（2）会见客户或出席仪式的站立场合，或在长辈、上级面前，不得把手交叉抱在胸前。

（3）坐姿：坐下后，应尽量坐端正，把双腿平行放好，不得傲慢地向前伸或向后伸，或俯视前方。

（4）要移动椅子的位置时，应先把椅子放到应放的位置，然后再坐。

（5）公司内与同事相遇时应点头行礼表示致意。

（6）握手时用普通站姿，并目视对方眼睛。握手时脊背要挺直，不弯腰低头，要大方热情，不卑不亢。伸手时同性间应先向地位低或年纪轻的，异性间应先向男方伸手。

（7）出入房间的礼貌：进入房间，要轻轻敲门，听到应答后再进。进门后，回手关门，不能大力、粗暴。进入房间后，如对方正在讲话，要稍等静候，不要中途插话，如有急事要打断说话，也要看住机会，而且要说："对不起，打断您们的谈话。"

（8）递交物件时，如递文件等，要正面、文字对着对方的方向递上去；如是钢笔，要把笔尖向自己，使对方容易接着；如是刀子、剪刀等利器，应把刀尖向着自己。

（9）走通道、走廊时要放轻脚步。

（10）无论在自己公司，还是去访问的公司，在通道和走廊里都不能一边走一边说话，更不得唱歌或吹口哨等。

（11）在通道、走廊里遇到上司或客户要礼让，不能抢行。

二、业务礼仪

（一）正确使用公司的物品和设备，提高工作效率

（1）公司的物品不能野蛮对待，挪为私用。

（2）及时清理、整理账簿和文件，对墨水瓶、印章盒等使用后及时

关闭。

（3）借用他人或公司的东西，使用后应及时送还或归放原处。

（4）工作台上不能摆放与工作无关的物品。

（5）公司内以职务称呼上司。同事、客户间以先生、小姐等相称。

（6）未经同意不得随意翻看同事的文件、资料等。

（二）接待工作及其要求

（1）在规定的接待时间内不缺席。

（2）有客户来访，马上起来接待并让座，再倒上一杯饮品（茶、咖啡等），在客人落座之前主人不能坐下。当客人起身告辞时，主人应将客人送到门口或者电梯口。

（3）来客多时以序进行，不能先接待熟悉的客户。

（4）对事前已通知来的客户，要表示欢迎。

（5）应记住常来的客户，要表示欢迎。

（6）接待客户时应主动、热情、大方、微笑服务。

（三）登门拜访

（1）拜访前要事先和对方约定，以免扑空或扰乱主人的计划。拜访时要准时赴约，时间长短应根据拜访目的和主人意愿而定，通常宜短不宜长。

（2）如果接待者因故不能马上接待，可以在接待人员的安排下在会客厅、会议室或在前台安静地等候。如果接待人员没有说“请随便参观参观”之类的话，而随便地东张西望，甚至伸着脖子好奇地往房间里“窥探”，都是非常失礼的。

（3）有抽烟习惯的人，要注意观察周围有没有禁止吸烟的警示。即使没有，也要问问工作人员是否介意吸烟。如果等待时间过久，可以向有关人员说明，并另定时间，不要显现出不耐烦的样子。

（4）即使和接待者的意见不一致，也不要争论不休。对接待者提供的帮助要适当地致以谢意。要注意观察接待者的举止表情，适可而止。当接待者有不耐烦或有为难的表现时，应转换话题或口气；当接待者有结束会见的表示时，应识趣地立即起身告辞。

（5）到达被访人所在地时，一定要用手轻轻敲门，进屋后等主人安排后坐下。后来的客人到达时，先到的客人可以站起来，等待介绍或点头示意。

（6）拜访时应彬彬有礼，注意一般交往细节。告辞时要同主人和其他客人一一告别，说“再见”、“谢谢”；主人相送时，应说“请回”、“留步”、“再见”。

（四）交谈

（1）在与你约见的来访者交谈时，要记住倾听是交谈的基础。

（2）不断被电话打扰会令来访者恼怒，要告诉你的助理帮你接听电话，除非有特别紧急的事宜。

（3）如果你的电话系统有“留言”功能，记得使用它。

（4）如果来访者离题太远，你可以说：“因为我几分钟后还有一个约会，我们还是讨论我们最初谈论的问题吧。”

三、谈判礼仪

（一）谈判准备

（1）商务谈判之前首先要确定谈判人员，与对方谈判代表的身份、职务要相当。

（2）谈判代表要有良好的综合素质，谈判前应整理好自己的仪容仪表，穿着要整洁、正式、庄重。男士应刮净胡须，穿西服必须打领带。女士穿着不宜太性感，不宜穿细高跟鞋，应化淡妆。

（3）布置好谈判会场，采用长方形或椭圆形的谈判桌，门右手座位或对面座位为尊，应让给客方。

（4）谈判前应对谈判主题、内容、议程做好充分准备，制订好计划、目标及谈判策略。

（二）谈判之初

（1）谈判之初，谈判双方接触的第一印象十分重要，言谈举止要尽可能创造出友好、轻松的良好谈判气氛。

（2）作自我介绍时要自然大方，不可露傲慢之意。被介绍到的人应起立一下微笑示意，可以礼貌地道：“幸会”、“请多关照”之类。询问对方要客气，如“请教尊姓大名”等。如有名片，要双手接递。介绍完毕，可选择双方共同感兴趣的话题进行交谈。稍作寒暄，以沟通感情，创造和谐气氛。

(3) 谈判之初的姿态动作也对把握谈判气氛起着重大作用，注视对方时，目光应停留于对方双眼至前额的三角区域正方，使对方感到被关注，觉得你诚恳严肃。手心冲上比冲下好，手势自然，不宜乱打手势，以免造成轻浮之感。切忌双臂在胸前交叉，那样显得十分傲慢无礼。

(4) 谈判之初的重要任务是摸清对方的底细，因此要认真听对方谈话，细心观察对方的举止、表情，并适当给予回应，这样既可了解对方意图，又可表现出尊重与礼貌。

(三) 谈判之中

(1) 报价：要明确无误，恪守信用，不欺蒙对方。在谈判中报价不得变幻不定，对方一旦接受价格，即不再更改。

(2) 查询：事先要准备好有关问题，选择气氛和谐时提出，态度要开诚布公。切忌气氛比较冷淡或紧张时查询，言辞不可过激或追问不休，以免引起对方反感甚至恼怒。但对原则性问题应当力争不让。对方回答查询时不宜随意打断，答完时要向解答者表示谢意。

(3) 磋商：讨价还价事关双方利益，容易因情急而失礼，因此更要注意保持风度，应心平气和，求大同，容许存小异。发言措辞应文明礼貌。

(4) 解决矛盾：要就事论事，保持耐心、冷静，不可因发生矛盾就怒气冲冲，甚至进行人身攻击或侮辱对方。

(5) 处理冷场：此时主方要灵活处理，可以暂时转移话题，稍作松弛。如果确实已无话可说，则应当机立断，暂时中止谈判，稍作休息后再重新进行。主方要主动提出话题，不要让冷场持续时间过长。

■ 相关链接

古语道：“战战栗栗，日谨一日。人不踬于山，或踬于垤。”告诫人们时时提防被小土包绊倒，这或许是“小处不可随便”的最古老的典故。“针眼大的窟窿斗大的风”，小处随便的人往往不受欢迎，在某些特殊场合甚至会造成致命的后果。最典型的例子是 18 世纪的法国公爵奥古斯丁。1786 年，法国国王路易十六的王后玛丽·安东尼到巴黎戏剧院看戏，全声起立鼓掌。放荡不羁的奥古斯丁为了引起王后的注意，面向王后吹了两声很响的口哨。当时吹口哨被视为严重的调戏行为，国王大怒，把奥古斯丁投入监狱。而奥古斯丁入狱后似乎就被遗忘了，既不审讯，也不判刑，就日复一日地关着。后因时局变化，也曾有过再次出狱的机会，但阴差阳错，终究还是无人问津。直到1836年老态龙钟的奥古斯丁才被释放，当时他已经72岁了。两声口哨换来50年的牢狱之灾，实在是天大的代价。

一滴水可以折射太阳的光辉，小处端正的人往往能取得人们的信任。法国有个银行大王，名字叫恰科。但他年纪轻时并不顺利，52次应聘均遭拒绝。第53次他又来到了那家最好的银行，礼貌地说完再见，转过身，低头往外走去。忽然，他看见地上有一枚大头针，横在离门口不远的地方。他知道大头针虽小，弄不好也能对人造成伤害，就弯腰把它捡了起来。第二天，他出乎意料地接到了这家银行的录用通知书。原来，他捡大头针的行为被董事长看见了。从这个不经意的小动作中，董事长发现了他品格中闪光的东西。这样精细的人是很适合做银行职员的。于是，董事长改变主意决定聘用他。恰科也因此得到了施展才华的机会，走向了成功之路。

■ 习题（案例分析）

一、一天，黄先生与两位好友小聚，来到某知名酒店。接待他们的是一位五官清秀的服务员，接待服务工作做得很好，可是她面无血色，显得无精打采。黄先生一看到她就觉得心情欠佳，仔细留意才发现，这位服务员没有化工作淡妆，在餐厅昏黄的灯光下显得病态十足。上菜时，黄先生又突然看到传菜员涂的指甲油缺了一块，他的第一个反应就是“不知是不是掉到我的菜里了”。但为了不惊扰其他客人用餐，黄先生没有将他的怀疑说出来。用餐结束后，黄先生唤柜台内服务员结账，而服务员却一直对着反光玻璃墙面修饰自己的妆容，丝毫没注意到客人的需要。自此以后，黄先生再也没有去过这家酒店。

讨论题

1. 请指出案例中服务员在仪容上存在的问题。
2. 本案例对你有哪些启示？

二、巴西一家公司到美国去采购成套设备。巴西谈判小组成员因为上街购物耽误了时间。当他们到达谈判地点时，比预定时间晚了45分钟。美方代表对此极为不满，花了很长时间来指责巴西代表不遵守时间，没有信用，如果老这样下去的话，以后很多工作很难合作，浪费时间就是浪费资源、浪费金钱。对此，巴西代表感到理亏，只好不停地向美方代表道歉。谈判开始以后美国代表似乎还对巴西代表来迟一事耿耿于怀，一时间弄得巴西代表手足无措，说话处处被动，无心与美方代表讨价还价，对美方提出的许多要求也没有静下心来认真考虑，匆匆忙忙就签订了合同。等到合同签订以后，巴西代表平静下来时才发现自己吃了大亏，上了美方的当，但已经晚了。

日本有一家著名的汽车公司在美国刚刚“登陆”时，急需找一家美国代理商来为其销售产品，以弥补他们不了解美国市场的缺陷。当日本汽车公司准备与美国一家公司就此问题进行谈判时，日本公司的谈判代表在路上因塞车迟到了。美国公司的代表抓住这件事紧紧不放，想要以此为手段获取更多的优惠条件。日本公司的代表发现无路可退，于是站起来说：“我们十分抱歉耽误了你的时间，但是这绝非我们的本意，我们对美国的交通状况了解不足，所以导致了这个不愉快的结果，我希望我们不要再为这个无所谓的问题耽误宝贵的时间了，如果因为这件事怀疑到我们合作的诚意，那么，我们只好结束这次谈判。我认为，我们所提出的优惠代理条件是不会在美国找不到合作伙伴的。”日本代表的一席话说得美国代理商哑口无言，美国人也不想失去这次赚钱的机会，于是谈判顺利地进行下去。

讨论题

从以上两个案例中你得到了哪些启示？

第2节　商务庆典礼仪

■ 案例

1998年8月8日是北方某市新建的云海大酒店隆重开业的日子。这一天，酒店上空彩球高悬，四周彩旗飘扬，身着鲜艳旗袍的礼仪小姐站立在店门两侧，她们身后是摆放整齐的鲜花、花篮，所有员工服饰一新，面目清洁，精神焕发，整个酒店沉浸在喜庆的气氛中。开业典礼在店前广场举行。上午11时许，应邀前来参加庆典的有关领导、各界友人、新闻记者陆续到齐。正在举行剪彩之际，天空突然下起了倾盆大雨，典礼只好移至厅内，一时间，大厅内聚满了参加庆典人员和避雨的行人。典礼仪式在音乐和雨声中隆重举行，整个厅内灯光齐亮，使得庆典别具一番特色。

典礼完毕，雨仍在下着，厅内避雨的行人短时间内根本无法离去，许多人焦急地盯着厅外。于是，酒店经理当众宣布："今天能聚集到我们酒店的都是我们的嘉宾，这是天意，希望大家能同敝店共享今天的喜庆，我代表酒店真诚邀请诸位到餐厅共进午餐，当然一切全部免费。"霎时间，大厅内响起雷鸣般的掌声。

虽然酒店开业额外多花了一笔午餐费，但酒店的名字在新闻媒体及众多顾客的渲染下迅速传播开来，后来酒店的生意格外红火。

■ 理论知识

一、庆典仪式的准备

（一）做好舆论宣传工作

事前应利用传媒多作报道，发布广告，也可派人在公众场合散发宣传品，造成一定的舆论声势，引起公众的广泛关注。公关活动及宣传广告等活动宜安排在开业仪式前三至五天进行，最多不过一周，过早和过迟都难以收到良好的效果。同时还应提前向媒体记者发出邀请，请其届时光临现场进行采访、报道，以便进一步扩大影响。

（二）拟出宾客人员名单

除媒体记者外，参加庆典仪式的人员还应包括：

（1）政府相关部门领导。主要是表达对上级机关的感谢并希望能继续得到支持。

（2）社会知名人士。通过他们的名人效应，更好地提升自身的形象和层次。

（3）有功人士。

(4) 相关友好单位人士。以增进友谊，共谋发展。

同时也应列出参加庆典仪式的领导、工作人员名单。

（三）布置庆典仪式现场

庆典仪式的现场一般选在广场上或有意义建筑物正前门。现场布置要突出喜庆、隆重的气氛，应备有标语、彩旗、横幅、气球等。此外，还可以准备鼓乐、飞鸽等加以烘托、渲染气氛。

（四）现场装饰

(1) 为显示隆重与敬客，可在来宾尤其是贵宾站立之处铺设红色地毯。

(2) 在场地四周悬挂标语横幅。

(3) 悬挂彩带、宫灯，在醒目处摆放来客赠送的花篮、牌匾、空飘气球等。例如，在大门两侧各置中式花篮 20 个，花篮的一条飘带上写上“热烈庆祝 xx 开业庆典”字样，另一条飘带上写上庆贺方的名称；正门外两侧，设充气动画人物、空中舞星、吉祥动物等。

（五）开业庆典物质准备

1. 礼品准备

赠与来宾的礼品，一般属于宣传性传播媒介的范畴。根据常规，向来宾赠送的礼品要有四大特征：宣传性、荣誉性、价值性、实用性。

2. 设备准备

音响、录音录像、照明设备以及开业典礼所需的各种用具、设备，要由技术部门进行检查、调试，以防在使用时出现差错。

3. 交通工具准备

接送重要宾客、运送货物等。

4. 就餐准备

人数、座次、食物、就餐用具等。

5. 庆典活动所需用品的准备

比如剪彩仪式所需的彩带、剪刀、托盘；工作人员服装的统一定做；留作纪念或用以宣传的礼品、画册、优惠卡、贵宾卡的定做。

（六）具体事项不可忽视

(1) 请柬的准备和发送务必落实到被邀请人手中，并要有确切的回复。

（2）贺词（或答词）的撰写、讨论和审定要慎重，字体要大，内容要简练，话语要热情。

（3）现场接待人员应年轻、精干且形象要好，佩戴的标志（胸卡、绶带等）要突出。贵宾到场时应由主要负责人亲自相迎。

（4）工作人员事前要调试好设备（如音响、摄像机等），千万不可临场出错。

（5）来宾的胸花、席卡、饮品、礼物等都要一一准备好。

二、庆典仪式的礼仪程序

庆典仪式的程序追求完整、协调、合理，主要由以下几项构成。

1. 迎宾

接待人员现场迎接来宾，请其签到，引导其到座位上就座。若不设座位，则告诉来宾其所在的具体位置。

2. 开始

主持人宣布仪式正式开始，全体起立（不设座位应立正），奏乐，介绍各位来宾。

3. 致贺

按主持人的安排，由上级领导和来宾代表先后致贺词，以表达本单位的良好祝愿；若有贺电、贺信，应现场公告单位名称和个人身份。

4. 致谢

由庆典负责人向来宾致谢，在场全体人员在音乐声中热烈鼓掌祝贺。结束后如有必要可安排来宾领取纪念品（也可在迎宾时发放）、就餐、看文艺节目等。

三、庆典仪式的礼仪

（一）仪式组织者礼仪

1. 仪容要整洁

参加仪式的人员应作适当修饰。男士应理发剃须，女士可适当化妆。

2. 着装要规范

一般不宜任其自然随意着装。

3. 准备要充分

请柬要及时发放，席位安排要符合礼仪规范，迎宾车辆要清洁并检测好，保证安全运行，迎宾人员要提前进行培训。

4. 要遵守时间

工作人员应严格遵守时间，不得无故缺席，并应自始至终地参加仪式，不可中途退场。仪式应准时开始，按时结束。如果嘉宾中主要人员晚到片刻，出于礼貌应稍等（当然来宾自己不应迟到）。

5. 态度要亲切

迎接嘉宾到场之后，仍应保持主动、热情，不要公式化地迎宾后就冷落客人，还可介绍来宾相互认识。来宾致贺词后，应主动鼓掌表示感谢。

6. 行为要自律

庆典仪式的每一环节都应慎重、认真，不可在仪式开始后东张西望、垂头丧气、嬉戏打闹、反复看表，表现出敷衍了事、心不在焉等不负责任的样子，这样会给来宾造成极为不好的印象。

（二）宾客参加庆典仪式礼仪

作为应邀参加庆典仪式的宾客都应注意自己的礼貌礼节，不辱使命，准确表达本单位的祝贺意愿，要注意做到以下几点。

（1）宾客要修饰仪容，特别是上级领导切不可因分管之故，大大咧咧，吆三喝四，随随便便。

（2）要准时到场，一般来说可提前半小时左右。过早或过迟，对于主办单位而言，都会造成不便。如遇特殊情况无法到场，一定要尽早通知对方做好变动准备。

（3）参加庆典仪式时，常规都应带上贺礼（比如花篮、牌匾、楹联或实物礼品等）以示祝贺之意，在贺礼上别忘了写上祝词和落款、时间。

（4）宾主相见，来宾应主动对主人表示恭贺，多说吉祥、顺利等话语，对同是来宾的其他单位代表应主动招呼、相互结识、交流攀谈，不应只顾和主办单位人员讲话，无视别人的存在。

（5）在主人讲话时，应表示赞同、点头，认真听讲中不时鼓掌。不可无休止地和左右讲话或闭目养神等，更不可剔牙、搓手、长时间地接打手机等。

（6）仪式结束后，宾客应起立离座，与主办单位领导、主持人、工作人员等握手话别或听从主办单位的安排。不可迫不及待地表现要离开（特殊情况除外，但要说明)，也不可悄悄地不辞而别。

■ 相关链接

有一位表演大师上场前，他的助手告诉他鞋带松了。大师点头致谢，蹲下来仔细系好鞋带，等到助手转身后，大师又蹲下来将鞋带解松。有个旁观者看到了这一切，不解地问："大师，您为什么又要将鞋带解松呢?"大师回答道："因为我饰演的是一位劳累的旅者，长途跋涉使他的鞋带松开了，可以通过这个细节表现他的劳累、憔悴。""那你为什么不直接告诉你的助手呢?""他能细心地发现我的鞋带松了，并且热心地告诉我，我一定要保护他这种热情的积极性，及时地给他鼓励，至于为什么要将鞋带解开，将来会有更多的机会教他表演，可以下一次再说啊。"

人一个时间只能做一件事，懂得抓重点，才是真正的人才。

■ 习题

开业典礼是否成功，在很大程度上与参加典礼的主要宾客的身份、职能部门的范围和参加典礼的人数有直接关系。因此，在开业典礼准备工作中，邀请上级领导、知名人士、各职能部门负责人或代表一事是非常重要的。还应多方邀请兄弟企业和关系密切的团体、事业单位、个人及新闻媒体等方面的人士参加。

讨论题

请问在请柬的设计和发送上要注意哪些方面的问题?

第3节　商务剪彩礼仪

■ 案例

某公司举行新项目开工剪彩仪式，请来了张市长和当地各界名流参加，请他们坐在主席台上。仪式开始时，主持人宣布："请张市长下台剪彩!”却见张市长端坐没动，主持人很奇怪，重复了一遍：“请张市长下台剪彩!”张市长还是端坐没动，脸上还露出一丝恼怒。主持人又宣布了一遍：“请张市长剪彩!”张市长才很不情愿地勉强起来去剪彩。

理论知识

剪彩仪式是指商业企业举办展览会、展销会，或新设施、新设备竣工启用时举行剪断彩带色绸的庆典活动，这也是商务活动中常用的庆典形式。

一、剪彩仪式的准备

一般来说，剪彩仪式的准备工作和开业典礼的准备工作大同小异。剪彩仪式前，要运用各种媒介广泛宣传，造成轰动效应。目的也是为了使剪彩仪式能够引起社会上众多人士的注意，扩大宣传效果，提高企业的知名度。也可以向有关单位和个人发送请柬，特别是对剪彩者应发出郑重邀请。剪彩者一般是上级领导、主管部门负责人，或是某一方面的知名人士。因此，应由举办剪彩仪式的单位领导亲自出面或委派代表专程前去邀请。若是邀请几位剪彩者一起剪彩，应事先征求每位剪彩者的意见，得到同意后才能正式确定下来。否则，对剪彩者是失礼的，甚至会闹出误会，把剪彩气氛弄僵。为了增强节庆气氛，可以邀请礼仪小姐参加仪式。剪彩礼仪小姐是剪彩时扯彩带、递剪刀、接彩球的服务小姐，是剪彩仪式中的重要角色。她们有的是从本企业中挑选出来的，有的是到公关、旅游、宾馆、文艺单位聘请来的，一般要求仪容、仪表、仪态文雅、大方、庄重、优美。人员确定以后，要进行必要的分工和演练。剪彩仪式用品和馈赠纪念礼品的准备也很重要。剪彩仪式用品主要有彩带、剪刀、托盘等；馈赠纪念礼品应根据具体情况作出适当表示。

二、剪彩者礼仪

剪彩者礼仪指的是在剪彩仪式中持剪刀剪彩的人员应遵守的礼仪。剪彩者是剪彩仪式的主角，一定要注意仪容仪表。剪彩者一般都具有极高的威望，深受大家尊敬和信任。剪彩者的仪容仪表直接关系到剪彩仪式的效果和企业的形象。衣着服饰要大方、整洁、挺括，容貌应适当修饰，看上去容光焕发、充满活力。剪彩过程中，要使自己保持一种稳重的姿态、洒脱的风度和优雅的举止。当主持人宣布开始剪彩时，剪彩者要面带微笑、步履稳健地走向剪彩礼仪小姐扯起的彩带。当礼仪小姐用托盘呈上剪彩用的剪刀时，可用微笑来表示谢意并随即拿起剪刀。剪彩者要向扯彩带的礼仪小姐微笑致意，然后聚精会神、严肃认真地把彩带一刀剪断。如果有几位剪彩者共同剪彩时，处在外端的剪彩者应用眼睛余光注视处于中间位置的剪彩者的剪彩动作，力争同时剪断彩带。同时，还应和礼仪小姐配合，注意让彩球落入托盘内，然后把剪刀也放回托盘内。有的剪彩者将彩带一刀剪断后，举剪向众人微笑示意，也是一种礼仪举止，但示意一下即可，不可久停。

在剪彩仪式过程中，剪彩者的言谈举止要有节制。剪彩仪式开始前，可以和举办单位领导、来宾及共同剪彩者随意交谈。当宣布剪彩仪式开始后，应立即中断谈笑，全神贯注地听主持人讲话。如继续谈笑或向别人打招呼，就是有失礼仪的行为。

剪彩完毕，应转身向四周的人们鼓掌致意。这时可与主人进行礼节性谈话，或同其他剪彩者进行赞赏性谈话，但时间都不宜过长。在这种场合，无休止地高谈阔论或旁若无人地纵情谈笑，都是不合礼仪的。

剪彩之后的参观或聚会时要虚心、认真。参观时，要耐心听取主办单位的介绍，对其所取得的成就应给予肯定和赞许。聚会时，要谦虚谨慎，言谈举止应彬彬有礼。对于举办单位馈赠的礼品，可庄重接受并诚心诚意地表示感谢。

三、剪彩仪式中的礼仪

剪彩仪式中的礼仪指的是剪彩仪式举行过程中应遵守的礼仪。根据剪彩活动的形式和步骤，剪彩仪式中的礼仪大致包括如下几个方面。

（一）会场布置

会场一般选在展览会、展销会门口，如果是新建设施或新安装设备竣工、启用，剪彩会场一般安排在新设施、新设备前面的空地处。会标上可写“XX 剪彩典礼”，或“XX 剪彩大会”，或“XX 剪彩仪式”等字样。会场四周可插彩旗，悬挂氢气球。坐席一般只安排剪彩者和来宾的座位，本企业主要领导和部门负责人陪坐。坐席两旁可摆放花篮、花盆。坐席前方由剪彩礼仪小姐扯起彩带。

（二）就座

剪彩仪式开始，应敬请剪彩者及来宾入座。如果不是对号入座，可由服务人员引导到座位上。剪彩人员最好安排在前排，有多位剪彩者时，应按剪彩时的位置就座，以防宣布剪彩后位置相互交叉。全部剪彩者及来宾入座后，剪彩仪式即可开始。

（三）议程

一切准备就绪后，预定时间一到，主持人环顾四周，可与主剪者交流一下眼神，主剪者若点头示意，主持人即可郑重宣布剪彩仪式正式开始，然后同与会者一起鼓掌，表示庆贺和致谢。

剪彩仪式应安排简短的发言。发言人一般由举办展览会、展销会或新设施、新设备单位的主要负责人担任。

祝贺发言结束后，宣布进行剪彩。剪彩时，剪彩者起立稳步向彩带走去；多位剪彩者共同剪彩时，应让中间主剪者稍在前走，其他剪彩者紧随其后向自己应处的剪彩位置走去。主席台上的人员一般要尾随于剪彩者之后 1 ~ 2 米站立。大会服务人员应及时撤离所有座位。

剪彩完毕，剪彩者转身向四周群众鼓掌致意，所有来宾和与会人员应鼓掌响应。剪彩仪式结束后，一般应组织参观或聚会。展览会、展销会应由举办单位主要负责人陪同参观；新设施、新设备可正式启用，由负责人向来宾介绍性能、优点等。根据实际情况，剪彩仪式结束后可向来宾赠送纪念性礼品或组织小型座谈会，以尽地主之谊。

■ 相关链接

剪彩仪式的由来

上世纪初叶，在美国的一个乡间小镇上，有家商店即将开业。店主为了阻止蜂拥而至的顾客在正式营业前闯入店内，将用以优惠顾客的便宜货争购一空，便随便找来一条布带子拴在门框上。谁曾料到这项临时性的措施竟然更加激发了挤在店门之外的人们的好奇心，他们更想早一点进入店内，对即将出售的商品先睹为快。正当店门之外的人们有些迫不及待的时候，店主的小女儿牵着一条小狗突然从店里跑出来，将拴在店门上的布带子碰落在地。人们误以为这是该店为了开张志喜所搞的"新把戏"，于是立即一拥而入，大肆抢购。让店主转怒为喜的是，他的这家小店在开业之日的生意居然红火得令人难以置信。

剪彩从一次偶然的"事故"发展为一项重要的活动程序，再进而演化为一项隆重而热烈的仪式，其自身也在不断发展，不断变化。例如，剪彩者先是由专人牵着一条小狗来充当，让小狗故意去碰落店门上所拴着的布带子；接下来，改由儿童担任，让他单独去撞断门上拴着的一条丝线；再后来，剪彩者又变成了妙龄少女，她的标准动作是当众撞落拴在门口的大红缎带；到了最后，剪彩则被定型为邀请社会贤达和当地官员，用剪刀剪断礼仪小姐手中所持的大红缎带。

■ 习题

1. 某公司组织开业庆典活动，请你根据剪彩礼仪要求，写出剪彩活动准备工作的内容。

2. 黎明公司正在召开职工代表大会，有数百人参加，听完总经理报告后，开始进行会议小组讨论。这时出现了麻烦，不少代表特别是特邀代表和列席代表不知道该参加哪一组的讨论，因为打印的分组名单上根本没有他们的名字。一查底稿，原来是打印人员翻重了页，校对也草率从事，没有更正。一些特邀代表和列席代表认为这是对他们的不恭，纷纷离会而去，会场上出现了一阵骚乱。

作为大会秘书处（如果是总经理秘书小陈负责），面对这些情况应该怎么办？

第4节　商务签字仪式礼仪

■ 案例

中国某企业与德国一公司洽谈割草机出口事宜。按礼节，中方提前五分钟到达公司会议室。客人到后，中方人员全体起立，鼓掌欢迎。不料，德方脸上不但没有出现期待的笑容，反而均显示出一丝不快的表情。更令人不解的是，按计划一上午的谈判日程，半个小时便草草结束，德方匆匆离去。

事后了解到：德方之所以提前离开，是因为中方谈判人员的穿着。德方谈判人员中男士个个西装革履，女士个个都穿职业装，而中方人员呢？除经理和翻译穿西装外，其他人有穿夹克衫的，有穿牛仔服的，有一位工程师甚至还穿着工作服。

德国是个重礼仪的国家，德国人素以办事认真而闻名于世。在德国人眼里，商务谈判是一件极其正式和重大的活动，中国人穿着太随便说明了两个问题：一是不尊重他人；二是不重视此活动。既然你既不尊重人，又不重视事，那还有必要谈吗？所以，德方在发现中国人服饰不规范时脸上出现不快并且提前离去，就不足为奇了。

■ 理论知识

签字仪式通常是指订立合同、协议的各方在合同、协议正式签署时所正式举行的仪式。举行签字仪式不仅是对谈判成果的一种公开化、固定化，而且也是有关各方对自己履行合同、协议所作出的一种正式承诺。

（一）位次排列

从礼仪上来讲，举行签字仪式时，在力所能及的条件下，一定要郑重其事、认认真真。其中最为引人注目者，当属举行签字仪式时座次的排列方式问题。一般而言，举行签字仪式时，座次排列的具体方式共有三种基本形式，它们分别适用于不同的具体情况。

1. 并列式

并列式排座是举行双边签字仪式时最常见的形式。它的基本做法是：签字桌在室内面门横放。双方出席仪式的全体人员在签字桌之后并排排列，双方签字人员居中面门而坐，客方居右，主方居左。

2. 相对式

相对式签字仪式的排座与并列式签字仪式的排座基本相同。二者之间的主要差别是：相对式排座将双方参加签字仪式的随员席移至签字人的对面。

3. 主席式

主席式排座主要适用于多边签字仪式。其操作特点是：签字桌仍须在室内横放，签字席仍须设在桌后面对正门，但只设一个，并且不固定其就座者。举行仪式时，所有各方人员，包括签字人在内，皆应背对正门、面向签字席就座。签字时，各方签字人应以规定的先后顺序依次走上签字席就座签字，然后退回原处就座。

（二）基本程序

在具体操作签字仪式时，可以依据下述基本程序进行运作。

1. 宣布开始

此时，有关各方人员应先后步入签字厅，在各自的既定位置上就位。

2. 签署文件

通常的做法是，首先签署应由己方所保存的文本，然后再签署应由他方所保存的文本。依照礼仪规范，每一位签字人在己方所保留的文本上签字时，应当名列首位。因此，每一位签字人均须首先签署将由己方所保存的文本，然后再交由他方签字人签署。此种做法通常称为“轮换制”。它的含义是：在文本签名的具体排列顺序上，应轮流使有关各方均有机会居于首位一次，以示各方完全平等。

3. 交换文本

各方签字人此时应热烈握手，互致祝贺，并互换方才用过的签字笔，以志纪念。全场人员应热烈鼓掌，以表示祝贺之意。

4. 饮酒庆贺

有关各方人员一般应在交换文本后当场饮上一杯香槟，并与其他方面的人士一一干杯。这是国际上通行的一种增加签字仪式喜庆色彩的常规性做法。

（三）规范服饰

（1）签字者统一着深色西装/裙（白色衬衫、男士打领带）。

（2）礼仪人员、接待人员着礼仪服饰、工作服，以示区别。

■ 相关链接

王先生是国内一家大型外贸公司的总经理，为一批机械设备的出口事宜，携秘书韩小姐一行赴伊朗参加最后的商务洽谈。

王先生一行在抵达伊朗的当天下午就到交易方的公司进行拜访，然后正巧遇上他们祷告时间。主人示意他们稍作等候再进行会谈，以办事效率高而闻名的王先生对这样的安排表示不满。东道主为表示对王先生一行的欢迎，特意举行了欢迎晚会。秘书韩小姐希望以自己简洁、脱俗的服饰向众人展示中国妇女的精明、能干、美丽、大方。她上穿白色无袖紧身上衣，下穿蓝色短裙，在众人略显异样的眼光中步入会场。为表示敬意，主人向每一位中国来宾递上饮料，当习惯使用左手的韩小姐很自然地伸出左手接饮料时，主人立即改变了神色，并很不礼貌地将饮料放在了餐桌上。

令王先生一行不解的是，在接下来的会谈中，一向很有合作诚意的东道主没有再和他们进行任何实质性的会谈。

伊朗信奉伊斯兰教，伊斯兰教教规要求每天做五次祷告，祷告时工作暂停，这时客人绝不可打断他们的祈祷或表示不耐烦。王先生对推迟会晤表示不满，显然是不了解阿拉伯国家的这一商务习俗。伊朗人的着装比较保守，特别是妇女，一般情况下会用一大块黑布将自己包裹得严严实实，只将双眼露在外面，即便是外国妇女也不可以穿太暴露的服装。韩小姐的无袖紧身上衣和短裙，都是伊朗人所不能接受的。在伊朗，左手被视为不洁，一般用于洁身，用左手递接物品或行礼被公认为是一种蓄意侮辱别人的行为。难怪韩小姐在宴会上的举动引起了主人异常的不满。综上所述，致使王先生的公司失去商务机会的原因，是他们访问前未对对方的商务习俗、宗教信仰、风俗习惯等方面进行认真的调研准备，在尊重对方、入乡随俗等方面做得不够。

习题

1. 商务签字仪式前要做好哪些准备工作？

2. 在广州，你正与一家电器公司就冰箱的生产技术及部分生产线的进口事宜进行谈判。该谈判已进行多轮，而且已陷入僵局数天，你发觉双方翻来覆去地都在维护既有立场，此时，你该怎么办？

（1）等候对方提出新方案。

（2）稍作退让以打破僵局。

（3）改变谈判主题。

（4）提议休会。

第5节 产品推销礼仪

■ 案例

乔·吉拉德向一位顾客推销汽车，谈判交易的过程比较顺利，当客户正要付款时，另一位推销员跟乔·吉拉德谈起了昨天的足球赛，乔·吉拉德一边跟这位推销员谈着足球，一边伸手去接顾客的付款。不料顾客却突然掉头而去，连车也不买了。后来乔·吉拉德才明白，客户在付款时，谈起了自己家儿子考上大学一事，而自己却和同伴谈的是球赛。在这次谈判交易过程中，乔·吉拉德与成功失之交臂。

■ 理论知识

产品推销是推销人员运用一定的方法和技巧，说服和帮助消费者购买某种商品和服务，以使双方需要得到满足的行为过程。推销人员的礼仪修养关系到推销的成败，在推销的每一个阶段都要遵守一定的礼仪规范。

一、推销接近礼仪

推销人员要想如愿地推销商品，首先应向顾客推销自己，只有先取得了顾客的好感，推销工作才能继续下去。要取得顾客的好感，推销人员必须重视自己的仪表，要适当修饰，给顾客留下良好的第一印象，缩短与顾客之间的心理距离。

二、约见顾客

约见顾客是推销人员事先征得顾客的同意，协商相互接触见面的活动。事先约好顾客，从礼仪上讲，充分体现了对顾客的尊重，易于被顾客接受和引起顾客的重视。约见顾客前应选好适当的约见时间、地点和方式，以使顾客感到心情舒畅、易于接受为宜。

三、处理异议的礼仪

在推销过程中，对于商品的需求、价格、质量、服务、购买等方面，顾客不可避免地要提出一些不同意见或反对意见，即异议。妥善处理异议有助于推销的成功。

(1) 掌握处理异议的原则。尊重顾客的异议，不能与顾客争吵，排解异议要给顾客留情面等。

(2) 掌握处理异议的时机。例如，先于顾客开口，不让异议成真；及时解答顾客问题，不让异议成堆；不让顾客对回答有疑问。

四、达成交易礼仪

成交是整个推销工作的核心和目的，牢记“行百里而半九十”的箴言，越到最后关头，越要小心谨慎，直到成功。在达成交易阶段，要尊重顾客的意见，尊重顾客对商品的选择；关键时刻要谨慎言语，以防止自己失口；顾客有成交意向时，保持常态神情，不要喜形于色；成交后，要热情地与顾客告别，为此次推销活动画上一个圆满的句号，也为个人乃至企业的形象添上光彩的一笔。

■ 相关链接

对于很多公司来说，让顾客持线等候是件迫不得已的事情。想一想有多少公司肯用电话游说或是奖励来代替等候时的音乐甚至忙音呢?

美国商用产品公司（Great American Business Products）位于波士顿，为汽车和房地产业提供所需表格。这家公司决定如果客户拨打800购货电话后需要持线等候的话，他们将会受到奖励。通常接通商用产品公司的电话需要20秒，在等候时间里，客户会听到电话录音提示，告诉他们将会因为等候而获得奖励。“只是让客户满意是不够的”，电话中心的培训员萨伦·罗宾逊说，“我们想让客户感到惊奇甚至大惊失色。”通常奖励包括多送一套表格、几支钢笔或者一只咖啡杯，但是罗宾逊让销售员有更多的自由去选择奖品，她最近送给一位客户一张两人用餐券。该公司每年送奖品要送掉大约1万美元，考虑到客户和商贩对公司信誉的宣传，这笔费用远远物超所值了。“客户很喜欢这个办法”，罗宾逊说，“有85%的人索要奖品，这个办法也减少了客户挂断电话的现象，很多客户耐心等候就是为了搞清楚奖励是什么。”

■ 习题（案例分析）

今天是星期四，下午 4 点刚过，麦克精神抖擞地走进办公室。他今年 35 岁，身高 6 英尺，深蓝色的西装上看不到一丝的皱褶，浑身上下充满朝气。

从上午 7 点开始，麦克便开始了一天的工作。麦克除了吃饭的时间，始终没有闲过。麦克五点半有一个约会。为了利用四点至五点半这段时间，麦克便打电话向客户约定拜访时间，以便为下星期的推销拜访预做安排。

打完电话，麦克拿出数十张卡片，卡片上记载着客户的姓名、职业、地址、电话号码资料以及资料的来源。卡片上的客户都居住在市内东北方的商业区内。

麦克选择客户的标准包括客户的年收入、职业、年龄、生活方式和嗜好。

麦克的客户来源有三种：一是现有的顾客提供的新客户的资料；二是麦克从报刊上的人物报道中收集的资料；三是从职业分类上寻找的客户资料。

在拜访客户以前，麦克一定要先弄清楚客户的姓名。例如，想拜访某公司的执行副总裁，但不知道他的姓名，麦克会打电话到该公司，向总机人员或公关人员请教副总裁的姓名。知道了姓名以后，麦克才会进行下一步的推销活动。

麦克拜访客户是有计划的。他把一天当中所要拜访的客户都选定在某一区域之内，这样可以减少来回奔波的时间。根据麦克的经验，利用 45 分钟的时间做拜访前的电话联系，即可在某一区域内选定足够的客户供一天拜访。

麦克下一个要拜访的客户是国家制造公司董事长比尔·西佛。麦克正准备打电话给比尔先生，约定拜访时间。

讨论题

你从这个案例中得到了什么启示？

第6节　商务应酬礼仪

■ 案例

郭晓凡是一位外贸公司的业务经理。有一次，郭先生因为工作上的需要，设宴招待一位来自英国的生意伙伴。有意思的是，那一顿饭吃下来，令对方最为欣赏的，倒不是郭先生专门为其准备的菜肴，而是郭先生在陪同对方用餐时的一处细小的举止表现。用那位英国客人当时的原话来讲就是："郭先生，你在用餐时一点儿响声都没有，使我感到你的确具有良好的教养。"

■ 理论知识

（1）碰到需要举杯的场合，切忌贪杯，头脑要清醒，不可见酒而忘乎所以。贪杯好酒是失礼的。

（2）工作前不得喝酒，以免与人谈话时口喷酒气熏人。休班时喝酒要有节制，任何情况下的过量喝酒都是错误的。上班时带有倦容酒态，不仅违犯工作纪律，也是不检点的。职场人员若醉意犹存去上班，会严重影响工作质量，是绝对不被允许的。

（3）交际酒会之间，与会者不要竞相赌酒、强迫喝酒，如果喝酒如拼命、劝酒如打架，就会把文明礼貌的交际变成粗俗无礼的行为，这是要不得的。应该是有礼貌地劝酒，主人或在座客人看到某人酒杯空了，有礼貌地先询问："请再喝一杯。"如果用手遮掩杯口并说明不想喝了，则不必相强。"舍命陪君子"是饮酒者的不自量而绝不是有礼行为，劝酒不成而恼羞成怒则是劝酒者的无礼无德。劝酒不成而反目是一种不近人情而又令人莫名其妙的失礼行为。席间的干杯或共同敬酒一般以一次为宜，不要重复敬酒。勉强别人不但达不到传递敬意的目的，反而会使对方感到为难和不悦。碰杯和喝多少亦应随各人之意，那种以喝酒多少论诚意的做法是不通情理的。

（4）忌猜拳行令、吵闹喧嚣、粗野放肆。公共场合不得划拳，家庭私人酒会一般也不宜划拳，如有特殊需要应注意不要干扰邻居、不违主人意愿，聊以助兴即可，但不要作为强行灌酒的手段。醉酒呕吐是十分失礼的，既伤身体，又当众现丑，还遗怨他人。即使酒量过人，若无德、无才、无礼，亦不过酒囊饭袋而已。

(5) 忌酒后无德，言行失控。酒能麻醉人的神经，使人思维紊乱，使一部分神经亢奋，言语行为失控。如果借酒发疯，胡言乱语，说一些平时难以出口的话，做一些丑态百出的事，往往会使人追悔莫及。

碰杯的位置也是有讲究的，一般你敬酒给前辈的话，你的杯子要稍微低一些，以显谦卑；如果对方刻意要求的话可以平头，切不可高于对方的杯子。

(6) 关于座位的问题。

高档酒店会用酒杯中叠放成不同造型的餐巾来区别主次位，主位的花形通常比较高，而且只有一个，除主位之外的餐巾花形都是一样的；如果酒店没有区分主次位，一般人们把面向南的位置定为主位，其他为次位，但是由于现代人的方向感不是很好，一般把面向包间进门的位子定为主位(因为门一般是朝南开的)，其他为次位。

(7) 敬酒者必须先干为敬，可以显示出诚意及豪爽。中国人喜欢在餐桌上谈生意，所以一个人的酒量和酒德也会成为生意伙伴的参考指标。一般人们会觉得豪爽的人脾气比较耿直，没有花花肠子，是比较可以信赖的人。

相关链接

古时候，有两个兄弟各自带着一只行李箱出远门。一路上，重重的行李箱将兄弟俩都压得喘不过气来。他们只好左手累了换右手，右手累了又换左手。忽然，大哥停了下来，在路边买了一根扁担，将两个行李箱一左一右挂在扁担上。他挑起两个箱子上路，反倒觉得轻松了很多。

心得：在人生道路上，我们肯定会遇到许许多多的困难。但我们是不是都知道，在前进的道路上，搬开别人的绊脚石，有时恰恰是为自己铺路？

习题

宾主敬酒的礼仪和顺序是什么？

素质包括了职业人必备的思想、知识、技巧等素质。一个人在社会中扮演什么角色
司环境中体现什么身份，都需要准确定位，然后根据要求设计自己的仪态、表情、行
上、服饰、谈吐以及待人接物的方法。职业形象塑造是一个综合的范畴，强调仪容仪
吾言谈吐和行为举止的整体和谐，它要求职业者能够娴熟地掌握

社交礼仪，通过语音、举止、姿势、动作等传递自信、昂扬、妩媚、潇洒、优雅等多种信息，形成有文化、有内涵的职业形象，以一定的、约定俗成的程序、方式来表现律己、敬人的过程。

心灵美和仪表美不是对立的，而是不可分割的，只有它们互为表里，相得益彰，才是完善的美。

第10章 世界各国商务礼仪禁忌大观

一、涉外活动言行举止忌

严忌姿势歪斜、手舞足蹈、以手指人、拉拉扯扯、相距过近、左顾右盼、目视远处、频频看表、舒伸懒腰、玩弄东西、抓耳挠腮。

谈话忌：谈话严忌涉及荒唐淫秽、他人履历、女子私事、工资收入、私人财产、衣饰价值、批评尊长、非议宗教、嘲弄异俗。

语气忌：严忌大声辩论、高谈阔论、恶言恶语、寻根问底、争吵辱骂、出言不逊。

礼遇忌：严忌冷落他人、独谈到底、轻易表态、打断异议、纠缠不止、随意插话、随意辞别。

二、涉外活动拍照忌

在涉外活动中，人们在拍照时，必须不能违犯特定国家、地区、民族的禁忌。凡边境口岸、机场、博物馆、住宅私室、新产品与新科技展览会、珍贵文物展览馆等处，均严忌随意拍照。

在被允许的情况下，对古画及其他古文物进行拍照时，严忌使用闪光灯。凡在有“禁止拍照”标志的地方或地区，人们应自觉忌拍照。通常情况下，忌给不相识的人（特别是女子）拍照。

三、涉外活动卫生忌

个人卫生：忌蓬头垢面，忌衣装鞋帽或领口、袖口不洁。在正式场合，忌讳挖眼屎、擤鼻涕、抠鼻孔、挖耳秽、剔牙齿、剪指甲等不卫生的动作。患有传染病的人严忌参加外事活动。

环境卫生：切忌随地吐痰、乱弹烟灰、乱丢果皮纸屑或其他不洁之物，忌讳把雨具及鞋下的泥水、泥巴等带入室内，忌讳把痰盂等不洁器具放在室内醒目的地方。

四、商界礼忌种种

东南亚礼忌：与东南亚商人洽谈商务时，严忌跷起“二郎腿”和鞋底悬着颠来颠去。否则，必引起对方反感，交易会当即告吹。

中东礼忌：阿拉伯国家的商人经常在咖啡馆里洽谈贸易。与他们会面时，宜喝咖啡、茶或清凉饮料，严忌饮酒、吸烟、谈女人、拍照，也不要谈论中东政局和国际石油政策。

俄罗斯礼忌：俄罗斯及东欧诸国，对西方商人的礼待是极其热情的。在同俄罗斯人洽谈贸易时，切忌称呼“俄国人”。

英国礼忌：到英国洽谈贸易时，有三条忌讳：① 忌系有纹的领带（因为带纹的领带可能被认为是军队或学生校服领带的仿制品；② 忌以皇室的家事为谈话的笑料；③ 不要把英国人称呼为“英国人”。

法国礼忌：到法国洽谈贸易时，严忌过多地谈论个人私事。因为法国人不喜欢大谈家庭及个人生活的隐私。

南美礼忌：赴南美洲做生意的人，为了入境随俗，在洽谈交易的过程中，宜穿深色服装，谈话宜亲热并且距离靠近一些；忌穿浅色服装，忌谈当地政治问题。

德国礼忌：德国商人很注重工作效率。因此，同他们洽谈贸易时，严忌神聊或节外生枝地闲谈。德国北部地区的商人，均重视自己的头衔，当你同他们一次次热情握手，一次次称呼其头衔时，他必然格外高兴。

瑞士礼忌：若给瑞士的公司寄信，收信人应写公司的全称，严忌写公司工作人员的名字。因为，如果收信人不在，此信永远也不会被打开。瑞士人崇拜老字号的公司，如果你的公司建于是 1895 年之前，那么你应在工作证件上或名片上特别强调出来。

美国礼忌：与美国人洽谈交易时，不必过多地握手与客套，贸易谈判可直截了当地进入正题，甚至从吃早点时即可开始。

芬兰礼忌：与芬兰商人洽谈时，应重视行握手礼，应多呼其“经理”之类的职衔。谈判地点多在办事处，一般不在宴会上。谈判成功之后，芬兰商人往往邀请你赴家宴或洗蒸汽浴。这是一种很重要的礼节。如你应邀赴宴时，忌迟到，切记向女主人送上 5 朵或 7 朵（忌双数的）鲜花。在主人正式敬酒之前，客人不宜先行自饮。在畅谈时，应忌谈论当地的政治问题。

五、花木交往中的忌讳

根花忌：探视病人时，日本人严忌以根花（包括盆花）为礼，因为日文的“根”字与“睡”字的发音相同。

山茶花忌：日本人在探望病人时，忌用山茶花、仙客来、淡黄花及白花。因为山茶花凋谢时整个花头落地，不吉利；仙客来花的日文音译为

“希苦拉面”，而“希”同日文的“死”发音相同；淡黄花与白花，多数日本人不喜欢。

荷花忌：印度人忌以荷花作馈赠品，因为印度人多以荷花为祭祀之花。

白花忌：在欧洲，人们以花为礼时，除生日与命名日之外，一般忌用白色鲜花。

香花忌：一些欧洲国家的人，在探望病人时，往往忌用香气浓烈的或具有特殊象征意义的鲜花。若送予中年人，忌用小花；若送予年轻人，忌用大花。

盆花忌：在通常以花为礼的交往中，许多欧洲人爱用切花，忌用盆花，但在复活节之际，可用盆栽的风信子为礼。

菊花忌：在欧洲许多国家，人们忌用菊花为礼。传统习俗认为：菊花是墓地之花。日本人忌用菊花作室内装饰，认为菊花是不吉祥的。许多拉丁美洲人将菊花视为“妖花”，他们忌用菊花装饰房间，忌以菊花为礼。

双花忌：波兰人与罗马尼亚人以花为礼时，所用的花束必须是单数，即使一枝也可，忌讳双数，但罗马尼亚人的生日除外。

干花忌：除人造花之外，波兰人忌送干花或枯萎的花。波兰人认为，送干花或枯花，意味着情谊的终结。

郁金香忌：德国人往往忌以郁金香为馈赠品。他们认为它是无情之花。

黄玫瑰忌：英国人忌以黄玫瑰为礼花。英国传统习俗认为，黄玫瑰象征亲友分离。

黄花忌：法国人往往忌送黄花。法国传统的习俗认为黄色花象征着不忠诚。

紫花忌：巴西人忌用绛紫色的花为礼，因为巴西人惯以紫花为葬礼之花。

六、一些国家的忌邮品

烟灰缸与通心粉，严忌寄往阿富汗。旧而脏的针织品，严忌寄往阿根廷。避孕药物及工具，严忌寄往法国。可可粉、家禽及“对国家安宁有害的”文字作品，属于德国的禁邮品。凡不贴标志的蜂蜜，属于津巴布韦的忌邮物。古玩、墨镜、复写纸、粉笔、贺年卡，属于斯里兰卡的禁邮品。从墨西哥至印度，严忌邮寄小包豆子。

七、神圣月禁忌

阿拉伯国家的居民多信奉伊斯兰教。按照传统习俗，回历太阴年的1、7、11、12月，是伊斯兰教的神圣月。在这四个月份之中，穆斯林要严忌一切激烈的活动。

八、西方人日常忌与数字忌

西方人忌讳“13”，甚至星期五和每月的13日也被忌讳，认为这些数字包含着凶险。相反，西方人却对“3”和“7”很喜欢，认为这两个数字包含着吉利。

询问忌：忌讳询问别人的年龄、工资、家室以及其他私事。在老人面前，忌说“老”。

床位忌：严忌把床对着门摆放。

碎镜忌：严忌打碎镜子，认为碎镜能使人背运。若犯此忌，则可趁月圆之时，暗自将衣袋内的硬币翻过来，以示解救。

花色忌：许多欧洲人忌讳黄色花，并认为菊花、杜鹃象征着不吉利。

颜色忌：欧洲人多忌黑色，认为黑色是丧礼之色。

礼节忌：一切礼节均应先女后男，切忌相反。

衣物忌：西方人对自己的衣物及行装有随意乱放的习惯，但忌讳别人乱动。

折柳忌：切忌折断飘来的柳条，认为此忌可以防止失恋之苦。

婚服忌：姑娘在结婚之前，忌讳试穿婚礼服。据说，此忌可防未来婚事的破裂。

婚期忌：除英国人而外，多数西方人严忌星期六结婚，认为此日绝非吉日。

扶老忌：欧美国家的老人多忌讳由别人来搀扶。他们认为这有损于体面，是被轻视的表现。

拉手忌：在许多拉美国家的街道上，男女之间可以相挽拉手而行，但在同性者之间忌讳携肩挽手。他们认为，公然搭肩携手的同性者，必是令人鄙视的同性恋者。

九、欧美礼忌

握手忌：对长者、女子或生人，忌主动而随便地握手。

行走忌：在行进中，忌醉步摇斜、随地吐痰或乱扔废物。

路谈忌：路遇熟人时，忌在路中央交谈或在路旁久谈；与女子路谈，应边走边谈，忌在路边立谈。

做客忌：到亲友家做客，进门后切忌不脱帽和带雨具；与女子对坐，切忌吸烟。

会客忌：会见客人时，忌坐姿歪斜和小动作，忌家人吵骂或看表、询问时间。

慰问忌：探病时，忌久谈；吊唁时，忌先提及死者。